数秘術家・悠城レニが教える

あなたにしかできない仕事

Yuuki Leni
悠城レニ

みらい
PUBLISHING

あなたは
この世にのぞまれて生まれてきた
たいせつな人

『マザー・テレサ　愛のことば』（女子パウロ会）より

はじめに　あなたが喜びの中で生きるために

◆「何をするために生まれたのか」という問い

２０１１年３月、専業主婦として１歳を過ぎた一人息子の育児をしながら、私は買ったばかりの真新しいノートに「自分の年表」を書きはじめました。


年表といっても年齢とその年にあった出来事を書いた簡単なものです。

あの日に限ってなぜそんなことをしたのか、今となってはわかりません。

とにかく突然、自分の生きてきた「ルーツ」のようなものを確認してみたくなったのです。


当時は家事と育児の毎日でしたが、大変なりにも充実感がありました。

自分の時間がもてない辛さはあっても、子どもは日々成長する姿を見せてくれたからです。

そんな平穏な毎日が繰り返し続いたある日、ふと、こんなことを考えました。


「私は何をするために生まれたのか」


それは本当に突然の出来事でした。

家事育児の毎日を過ごすことで、私の中の何かが飽和したのでしょう。

今まで何の疑いもなく過ごしていた場の秩序が破られ、自分の存在の意味を考えるようになったのです。

フルタイムで仕事に復帰したいとか、短時間のパートをしたいとかではなく、ダイレクトに「私は何者なんだ？」と思ったことが重要な分岐点でした。

私はこれまでどういう人生を生きてきたのか、過去を振り返り、「自分の年表」を書き出してみました。

気づいたのは、人生のドン底と思えるときに必ず数秘術を頼りにしていることや、自分が好きでやろうとしたことよりも、むしろ人から求められたことの方がうまくいっているという事実でした。

この「年表」からの気づきが、その後の人生を一変させることにつながったのです！

年表を書いた半年後、私は数秘術のブログをはじめました。
2年後には数秘術講座を開催。
3年後には電子書籍を出版。
5年後には商業出版（書店に流通する）の話が舞い込みました。
そして今、私にとって3冊目になる本をあなたは手にしています。

人生を変えてくれた自分の年表。

私はこれを『ライフ・タイムライン』と呼んでいます。
ライフ・タイムラインは、これまでの人生を振り返り、あなたの「ルーツ」とつながるためのものなのです。

◆「ママの笑顔」は家族の太陽！

ライフ・タイムラインを書くことで、あなたが本来どのような人で、何に興味をもっており、何をしているときに一番生き生きとしていたのか、もう一度思い出してみましょう。

絵を描いていたのなら、買い物ついでに画材売り場に立ち寄ってみましょう。海外旅行が好きだったのなら、好きな国のガイドブックを立ち読みしてもいいでしょう。音楽好きなら、かつて聴いていた曲をもう一度かけてみましょう。

何も買う必要はありません。昔、心を震わせたその時間を再び感じるだけでいいのです。

以前私は、好きなことに触れる喜びの感覚を、忙しさにかまけて後回しにしていました。ママだからと、自分を優先することに後ろめたさがあったのです。けれど、それは間違いだと、はっきりと言えます。

今こそ、全力で自分自身を探求し、人生を喜びで満たそう。そう思えるようになりました。


だって、**ママは家族の太陽ですからね！**


生命を生み出したママだからこそ、家族に一番影響力があります。みんなの元気の素、代わりの効かないエネルギー源なのです。ママが笑顔であれば、たとえ家族がどんなピンチに陥っても、乗り越えられるでしょう。特に子どもに必要なのは、ママの笑顔です。

だからこそ、自分を喜ばせ、エネルギーを満タンにしておきましょう。

自分を大事にすることは、同時に家族を大事にすることです。

「人生は喜びにあふれている」

それを子どもたちに伝えられるのも太陽であるママなのです！

◆果たすべき使命を知るためには

「何をするために生まれたのか」

この問いを導くために本書でやるべきことはたった二つ。

①ライフ・タイムラインを書くこと
②人生の大きな流れに注目すること

「大きな流れ」とは、自分の意図かどうかに関係なく自然とそうなった出来事のことです。

タイムラインを眺めれば、本意不本意に関係なく、たどってきた人生の歩みが明確に記されます。つまりライフ・タイムラインとは、大きな流れを俯瞰して観察できる有能なツールなのです。

逆に「小さな流れ」とは、自分の意図のことです。こうしたかった、ああしたかったという思いのことですね。自分がわからなくなるのは、この小さな流れにとらわれて大きな流れを見失うことにあります。

私の体験を事例としてお話しましょう。

私はインドネシアの首都ジャカルタで日本語教師をしていました。最初は1年の予定でジャカルタに行ったのですが、帰国をやめて転職活動をすることに。

かっこいいという理由でオフィスワークにこだわっていた私は、日系の銀行の就職情報ばかり集めていました。ただ、なかなかいい話がなく途方に暮れた頃、友人が日系書店の求人をもってきたのです。「合うと思うよ」という言葉を添えて。

しかし、「着たくもない制服がある」、「やりたいのは店員ではなくオフィスワークだ」と、くよくよしながら面接に行きました。

ところが、面接をしてくれた社員の方が偶然にも同じ大学の出身者で、学生時代の話題で盛り上がり、トントン拍子で就職が決まってしまったのです。

このとき書店に勤めたことで、作家さんや編集者さんとの交流から、売る側より書く側になりたいという夢が生まれ、今に至ったと思っています。

小さな流れである自分の意図に縛られ、くよくよする必要はなかったのです。

・大きな流れ　自分の意図かどうかに関係なく自然とそうなったこと
事例：不本意だったが書店員になった

・小さな流れ　自分の意図のこと
事例：オフィスワークがしたかった

大事なのは大きな流れに注目し、自分の歴史としてまるごと受け入れることです。年表には、自分の意図かどうかに関係なく、自然に定まった結果としての流れが明確に記されています。

自分が刻んだ歴史はウソをつきません。あなただけの道、あなただけの体験がそこにあり、あなたが果たすべき使命が宿っています。


ここまでお読みいただき、気づかれたかもしれませんが、本書は再就職や起業のやり方を書いた本ではありません。

「あなたは何をするために生まれたのか」という根源的な問いに取り組む本です。

これから書いていただく「ライフ・タイムライン」から「あなたは何をするために生まれたのか」を探求し、使命を導き出していきます。

同時に数秘術のサイクルから「今何をすべきか」を把握していきます。

それが喜びを伴う「あなたにしかできない仕事」につながっていくのです。

さあ、使命の仕事を探しに行きましょう。

第1章　あなたが何者かはルーツが知っている
～歩んできた道のりのすべてがあなた～

第2章　あなたは何をするために生まれたのか

～ルーツに秘められた使命を知る～

第3章　数秘術でわかる！　あなたが今、やるべきこと

第4章　好きなことは、仕事ではなく武器にする

第5章　「使命の仕事」は人から届けられる

第1章

あなたが何者かはルーツが知っている

〜歩んできた道のりのすべてがあなた〜

Who are you

あなたの人生に「イエス」というのよ。
絶対に自分を否定してはいけない。

レニ・リーフェンシュタール

河尻亨一『TIMELESS 石岡瑛子とその時代』（朝日新聞出版）より

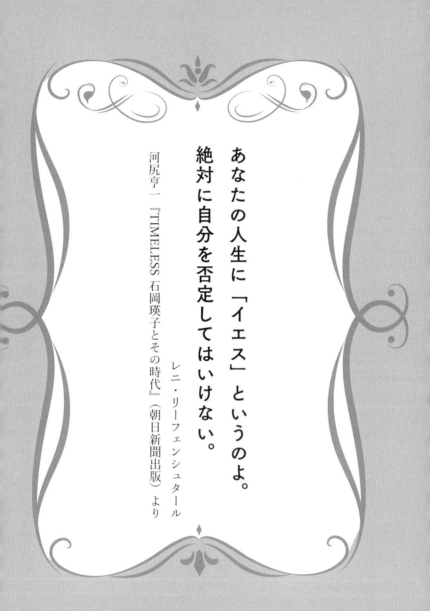

虚しさは新しい世界へのチケット

今までの人生を振り返ると、決して一直線に進んできたわけではないことに気づきます。どんなに平穏な毎日を過ごしていても、それは永遠ではありません。

私たちは、階段の踊り場のようなある地点へ来ると、それまでの自分を脱ぎ捨て、新しい服に着替え、新たな生き方を求めて進むようにできているのです。

ですから、満足している日常で突然虚しさを覚えても、うろたえないでくださいね。

その虚しさは次のステップへの合図です。

ときに私たちを混乱させますが、同時に心の奥から創造力を呼び覚まし、まったく新しい道へ誘う役割もしてくれます。

私が「何をするために生まれたのか」と思い、「ライフ・タイムラインを書こう」と決意したのは、眠っていた創造力が、虚しさによって呼び覚まされたからなのです。

あなたにも次のステップへ進む合図がきているのではないでしょうか。しかも、本書を手に取ったということは、単なる仕事探しやリフレッシュを求めているのではない。それだけでは埋められない何かがあるのです！

「あなたは何をするために生まれたのか」

この問いは、未知の自分を探求する旅への出発の合図です。

家庭に入ったり、社会に出たり、いったん固定された役割を担うと、その役割にとらわれがちになりますが、本当のあなたは、もっと多彩で、複雑で、可能性に満ちています。


そう、「虚しさ」は新しい世界へのチケットです！

新しい扉を開けるきっかけにすぎません。うろたえることなく、次のステップだと思えばいいのです。

・人生を探求し、もっと自由になるときが来ましたよ
・あなたには気づかなければならないことがありますよ
・家庭と子育ての次のステップに行くときが来ましたよ

そんな**自分の意図と関係なく起こってきた働きかけを、恐れずに受け止めてください。**春から夏へ移り変わるのと同じように自然なことなのです。

「虚しさ」は変化のプロセスの一部。四季が規則正しくめぐるようにあなたの人生も順調に移り変わっていますす！

「ライフ・タイムライン」を書こう

・人生が楽しくない
・自分がからっぽに感じる
・停滞している

このような虚しさを感じるようになると、日常が成熟し、これ以上の成長がのぞめなくなったということ。充分そのステージで頑張り「よくやった！」と喝采を浴びている状態です。

虚しいのは自分がダメだからだ、なんて間違っても思わないでくださいね。

ちょっと苦しいかもしれませんが、それは、今までの価値観を捨て、生まれ変わるためです。


そんなときに必要な気づきを与えてくれるのが「ライフ・タイムライン」です。

自分の中の羅針盤がぐるぐるまわり、方向性が定まらないときは、これまでの歩みを振り返ってみましょう。

ここにたどりつくまでのルーツとシンクロすることで、歩むべき道が見えてくるのです！

それには1〜2年を書き出すだけでは足りません。10年ぐらいの大きなスパンでの精査が必要です。なぜなら、**「大きな流れ」を俯瞰的に見る**ことが重要になってくるからです。


苦しいときほど意識が今だけに集中しがち。写真を撮る際、アップと引きでは構図が違います。まったく違った角度から人生にスポットライトを当てることで見えてくるものがあるのです。

自覚しているよりももっとがんばって生きていることや、移ろう表面の奥に隠された揺るぎない願いに気づくかもしれません。

ライフ・タイムラインを書く目的は、このように**意識してこなかった大きな流れを再確認すること**にあります。自分を知りたいという真剣さが、人生の意味を明らかにしてくれます。

ライフ・タイムラインの書き方・見方

（1）ここ10年のあなたの歩みを年表に書き出してみましょう。
まずは、西暦、年齢、出来事の3つを書いてみてください。

（※「個人年」と「数の意味」は、第3章で書き込みます）

出来事欄に書くことは次の3つです。

✓はじめたこと
✓やめたこと
✓印象に残ったこと
※「気づいたこと」や「気になったこと」を書き留めておくと考えの変遷がわかります。

私が数秘術を仕事にするまでのライフ・タイムラインを掲載しますので、参考にしながら書いてみましょう。

楽しむ感覚でチャレンジしてくださいね！

著者のライフ・タイムライン

西暦	個人年	数の意味	年齢	出来事：◎印象に残ったこと ☆はじめたこと ★やめたこと
2011	7	内省・手放し	41	◎占いを仕事にしたらと助言されたことを思い出す ★マンガをやめる ☆数秘術ブログを開設 ☆数秘術が仕事になる
2010	6	愛・許し	40	◎育児 ◎10年以上数秘術に沿って行動していることに気づく ◎偶然読んだ本にブログを推奨する記事を見かける
2009	5	変化・冒険	39	☆長男出産 ◎体調が回復せずマンガが描けなくなる ◎育児を最優先すると決める
2008	4	構築・洗練	38	★仕事をやめる ☆結婚 ☆引っ越し
2007	3	創造・表現	37	☆大学でキャリア支援の仕事に就く ◎エントリーシートの添削や学生への助言が楽しいことに気づく
2006	2	芽吹き・蓄積	36	☆日本へ帰国 ☆日本のマンガ学校へ通う
2005	1	はじまり	35	☆ジャカルタのマンガ学校へ通う ★書店員をやめる ◎日本への帰国の意志が固まる
2004	9	統合・完了	34	◎仕事が多忙で疲弊、本を売る側より書く側になりたいという思いが生まれる ◎本を書いてみたらと助言を受ける
2003	8	達成・拡大	33	◎仕事の充実。本に関わる仕事に天職を感じる
2002	7	内省・手放し	32	ジャカルタで★日本語教師から☆日系書店へ転職 ◎マンガ家、作家、編集者と出会う ◎数秘術家が書いた本に救われる

ドン底 2009年「マンガが描けなくなる」～
2011年「マンガをやめる」の三年間

さて、10年分のタイムラインは書けたでしょうか？
あまり気負わず、書ける分だけ書いてみましょう。
書けない年は空欄でもかまいません。

ライフ・タイムライン

西暦	個人年	数の意味	年齢	出来事：◎印象に残ったこと ☆はじめたこと、★やめたこと

1 はじまり
2 芽吹き・蓄積
3 創造・表現
4 構築・洗練
5 変化・冒険
6 愛・許し
7 内省・手放し
8 達成・拡大
9 統合・完了

（2）ズームアウトして眺めよう

書きあがったらズームアウトして10年間の全体像を眺めてみましょう。コツは、あたかも他人の人生のように「客観視」することです。そうすれば自己否定や苦痛などの余計な感情が入りません。天上から下界を見渡すような感覚で大きく眺めてください。うまくいかないのに執着していることや、思いの外長く続いていること、変わらぬ本質などはありませんか。じっくり観察しましょう。

（3）気づいていなかった自分を知ろう

気づいたことを五つ書いてみましょう。

私の気づきは次の通りです。

✓マンガへの執着
✓数秘術を十年以上も生きる支えとしていること
✓日本語教師、書店員、エントリーシートの添削など「言葉」が好きなこと
✓キャリア支援、数秘術鑑定など「生き方」を考えるのが好きなこと

さらに書いてはいませんが、「数秘術のことを周囲に秘密にしている」自分にも気づいたのです。

○マンガへの執着

「マンガの仕事がしたい」と思い続けた年月のすべてが停滞期間だったことに気づきました。私は中学生のときにマンガを描くことに夢中になりすぎて親に禁止された過去があります。今思えば、親にリベンジしたいという感情があったようです。自分でも驚きましたが、何十年も恨みに思っていたのですね。喜びではなく復讐のためにマンガを求め続けていた。これでは花開くわけがありません。マンガをやめると決めた年は「人生のドン底」でしたが、これでよかったのだ、順調な定まり方だったのだと思いました。

○数秘術に関して

タイムラインに書き出したことで、10年以上も数秘術と関わっている事実が判明。
「長いなあ、こんなにやっていたのか」という驚きもありました。

まさに数秘術は空気のような存在。あまりにも日常で、身近で、歯ブラシやコップと変わりません。特別感もなければ、それが仕事になるなんて夢にも思っていませんでした。

むしろ、数秘術を頼っているなんて人に知られてはいけないと思っていたほどです。仕事のできる人に見られたい。そう思っていた当時の私にとって、数秘術は人からの信頼を失いかねない怪しいものだったのです。

何の意図もせず自然にそうなったのに、こんなに否定していたとは！　これでは自信がもてないのも当然です。

日常にあり、身近なものほど大事なのだということも身に染みてわかりました。

○「言葉」と「生き方」というキーワード

やりたいのはマンガなのに、外からやってくる仕事は、「言葉」と「生き方」に関わるものばかりだと再確認しました。

日本語教師は、勤め先にいた海外研修生に教えてほしいと頼まれてはじめました。書店員の仕事も友人が「合うと思うよ」ともってきた求人でした。キャリア支援の仕事も、はじめは事務係として入ったのに、人手不足もあり、頼まれて専属のキャリアカウンセラーと同じ内容の仕事をすることになりました。

実際にやってきた仕事は、マンガに関わるものではなく「言葉」と「生き方」にまつわることだったのです。しかも、頼まれた仕事はうまくいく。周囲の人の方が私をわかってくれているのだと気づきました。

転職を繰り返し、夢をあきらめたドン底の時期もあったけれど、軸になるものはぶれていない。

本当は全部順調じゃないか！　と改めて気づきました。

あなたには、どのような気づきがありましたか？

名探偵になったつもりでタイムラインを探ってみてくださいね。

使命を生む源「ドン底の体験」に注目しよう

ライフ・タイムラインの中で特に注目してほしいのは「ドン底の体験」です。

「何をするために生まれたのか」

これは、言い換えれば何に命を使うか（使命）ということです。

多くの方はここで「使命とは何だろう」と悩むことになります。


あなたが考える「使命」とは何を表すでしょうか？


使命とは、好きなことだと思いますか？

それとも、やりたいことでしょうか？


好きを仕事に！　という言葉も流行りましたので、好きなことやりたいことを使命と考えても不思議ではありません。

しかし、多くの「好き」を仕事にした人を見てきて思うのは、「好き」や「やりたい」という、自分を満たすための動機のままでは、使命までたどり着けないということです。

実際に好きなことを仕事にしても途中でやめてしまう人がいます。好きではじめたけれどちょっと違うとか、好きではじめたけれど今はしなくても困らないとか、そんな理由からです。

私が考える使命とは、「人から求められること」です。求められることに応じて相手に喜んでもらうこと。これが使命を果たすことだと考えています。

誰かを助けるという**利他の精神が使命には必要**で、それができると人知を超えた力の応援が得られるように感じます。やりはじめたことが波に乗るという感覚ですね。では、どうしたら人から求められるようになるのでしょうか。

最初の一歩は、「好き、やりたい」でいいのです。最初にやるべきは自分を満たすこと。ただ、この段階ではまだ使命に育っていません。

使命に育つには一定期間の「継続」が必要になります。
継続すると、やり続けてもまったく人から求められないものと、すぐに求められるものにわかれてきます。

例えば、私は子どもの頃、マンガ家に憧れていました。たくさん読んで描いていましたし、大人になってからは学校にも通いました。しかし、結果として誰からも求められませんでした。必死の形相で頑張ったにも関わらず。
ところが、マンガをあきらめて結婚し、子どもを産み、数秘術のブログを立ち上げたら、たちまち多くの人に求められました。

・セッションしてください
・講座をしてください
・本を書いてください

3年ほどの期間で出版までたどりつきました。

なぜ、マンガは人から求められず、数秘術は求められたのでしょう。両方とも好きでやりたいことだったのですが、二つには決定的な違いがありました。
それは、なぜ好きになったのか。その「理由」が違ったのです。

○マンガ　楽しかったから
○数秘術　生き延びるために必要だったから

使命に成長するのは、ドン底に落ちたときに自分を救済し、生きる力を与えてくれたものです。救われることで、なくては生きていけないと思えるほど大事なものになるのです。

私にとってマンガは、大好きだけれど、なくても特に生きる上では問題ないものでした。

停滞したような日々の中で、少しでも人生が良くなるよう、苦しみを軽減できるよう、数秘術は私を救い続けてくれました。数秘術の技術と考え方があったから、何とか自分を保っていました。

数秘術のない人生はもはや考えられません。

使命とは、**「生き延びるための力だからこそ、他人にも生きる力が与えられる」**のです。使命とは、まさにこの力を与え喜んでもらうことです。

人は、生きる力が足りなかったり、まったく失ってしまったりしたときに、自分に必要な力を持つ人を野生の嗅覚で嗅ぎ当て、求めます。

生きる力を与え、回復させ、ともに生き延びること、これが使命を果たすということなのです。

人間を含めた命あるものはすべて、生き延びることを究極の目的として進化してきました。**生き延びるためにしたことはそのまま宇宙の意志とも言えるのです。**

それでは、生きる力を生む源である「ドン底の体験」をピックアップしてみましょう。私を事例にすれば、２００９年の「体調が回復せずマンガが描けなくなる」から２０１１年の「マンガをやめる」までの３年間の体験です。

・何をしていいかわからない

・虚しさがある
・辛さや苦しさ、絶望がある

このような体験があれば、それは「ドン底」とみなしていいでしょう。

ライフ・タイムラインの中で一番苦しかった体験を抜き出しておいてください。

あなたの使命に関しては、ここでピックアップした「ドン底の体験」を基に第2章でより詳しく見ていきます。

今日までの全人生にイエス！

ドン底の体験をピックアップできたでしょうか。

辛くて封印していたことを思い出させてしまったかもしれません。

しかし、ここで知っていただきたいのは、辛いことであってもその出来事はあなたの人生のかけがえのない一部であり、唯一無二の体験であるということ。同時に、その体験は、唯一無二の「使命」をも生み出しているということです。

あなたが思い出したくない場所に、あなたの生きる意味が眠ったままになっているのです！

私はかつて、人生の暗闇の部分を「なかったこと」にしていました。

暗闇の部分とは「ドン底だ」と感じるときのことです。

夫や子どもに囲まれて幸せな日々を送っていましたが、マンガの仕事はあきらめました。あれほど長い時間、たくさんのお金も使ったのに、叶わなかった。

数秘術は、「やりたいことができない」という私の暗闇が手に取らせたものです。ずっと光の中にいたら何も見いだせなかったでしょう。

暗闇が唯一無二の自分らしい光を見せてくれた。「なかったこと」にしても自分らしさは見えてこないのです。

都合のいい部分だけが人生なら、それは自分を半分否定しているようなもの。片足で人生という長いマラソンを走ろうとしているのと同じです。

あなたにとっていいことはもちろん、悪かったことも、出来事そのものが、多くを教えてくれます。どちらもあなたのかけがえのない人生なのです。
すべての人生にイエスということ。
それが自分の使命を知るための大前提です。
歩んできた道のりの全部が、あなたなのです！

第2章

あなたは何をするために生まれたのか

〜ルーツに秘められた使命を知る〜

Why you are born

自分の仕事の背景に死がなければ、
それは背景がまったくないということです。
しかも、明るいことや軽やかなことも、
いやこれらこそ、
死を背景にしてはじめて価値がある、
特別な価値があるのです。

ミヒャエル・エンデ『ものがたりの余白』
（田村都志夫聞き手・編訳、岩波書店）より

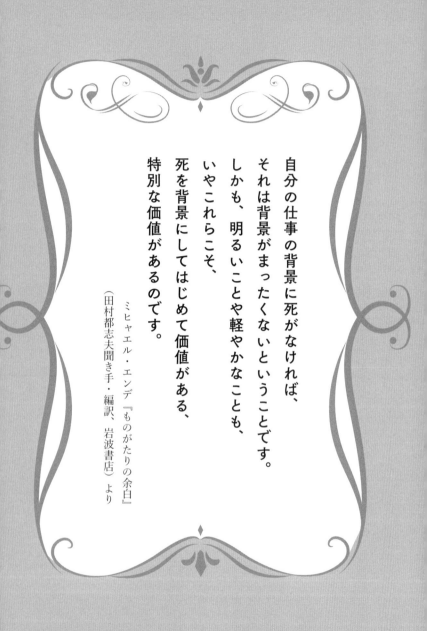

使命の生まれ方

前章で、ライフ・タイムラインから「ドン底の体験」を書き出していただきました。この章では、それを基に「あなたは何をするために生まれたのか（使命）」を探求していきます。

前章の復習ですが、使命に成長するのは、ドン底に落ちたときに自分を救済し、生きる力を与えてくれたものでしたね。

人間は、生きるのが辛いと感知すると本能的に生き延びようとします。そして、生き延びるために必要な「生きる力」を的確に探し当てます。

その行動によって生きる力を満たすと、今度は人々を救うために分かち合う側に回るのです。

〈使命が生まれるプロセス〉

【スタート】生きる力を失う（精神的な死）

↓
【探求】生きる力を求める（新たな道具や価値観を得る）
↓
【ゴール】生きる力を得る（精神的な再生）

生き延びるためにもがき手に入れた「生きる力」だからこそ、人々を生かす力になっていきます。その力を使って人々を生かすこと。それが、あなたの使命であり、生まれてきた意味なのです！

そして、得た生きる力を誰に分かち合うかというと、それは「昔の自分」です。苦しみもがいていた昔の自分のような人を、その試練を乗り越え、新しい価値観や道具を身に付けたあなたが救うのです。

【使命】※○○を使って、昔の自分のように苦しむ人を、救済することです。
○○＝新たな価値観

私を事例にすると次のようになります。

〈使命が生まれるプロセス〉

【スタート】　生きる力を失う

マンガをやめる

↓

【探求】　生きる力を求める

数秘術の技術や考え方に救われる

↓

【ゴール】　生きる力を得る

数秘術家になる

【使命】　私の使命は、

「数秘術の技術や考え方」を使って、昔の自分である「生まれた意味を知りたい、使命を果たしたいと思っている人」を救済することです。

使命の本質は、「自分を救ってくれたものを使って、昔の自分のような人を救う」こと。これにつきると思います。

そして、使命は一つではありません。ドン底のドラマはすべて「生きる力」を内包しています。自分がもがいて得た力は、人生のどの場面で得たものであろうと、人々を救う可能性をもっているのです。

また、インパクトの強いドン底ほど、大きな「生きる力」を得て立ち直っているため、救済する側になったときには威力を発揮するでしょう。

それでは、いよいよあなたの番です。

次の空欄を埋めて、あなたの使命を明らかにしていきましょう。

〈使命が生まれるプロセス〉

【スタート】生きる力を失ったのはなぜですか？

（　　　　　　　　　　　　　　　　　）←

【探求】生きる力を回復させてくれた「新たな道具や価値観」は何ですか？

（　　　　　　　　　　　　　　　　　）←

【ゴール】新しい自分はどのような自分ですか？

（　　　　　　　　　　　　　　　　　）

【使命】

私の使命は、

「　　　　　　　　　　　」を使って、

昔の自分である

「　　　　　　　　　　　人」を救済することです。

いかがでしたか？

ドン底の出来事は覚えていても、それによって「何を得たのか」については無頓着な人がほとんどです。本当は、それが使命の核心であり、あなたがオンリーワンであるための要素になる部分。

あなたとまったく同じ「ドン底」の体験をして、まったく同じ「生きる力」を得た人は誰もいません。**オンリーワンの体験が導き出したオンリーワンの生きる力なのです。**

ですから、しっかりと自分のものにしておきましょうね。

逃げ込んだ場所に本物がある

ドン底のときに自分が求めたものがわからないという方は、「逃げ込んだ場所」を思い出すといいでしょう。苦境のときに逃げ込んだ先は、あなたにとって大事な場所になる可能性があります。

直木賞作家の東山彰良さんは、「逃げ込んだ世界で、本当にやりたいことを見つけた」と話されていました。

大学院の論文に行き詰まっていたときに、「現実逃避で」深夜に小説を書きはじめ、その作品が後のデビュー作になったそうです。

私も苦境のときはいつも数秘術に逃げ込んでいました。逃げるとき、人は無意識に**「一番安心で安全な場所」**を選び取るようです。自分の才能に適う一番居心地のいい場所を。

そもそも人は癒やしのある場所にしか逃げ込みません。ですから、苦しいときに逃げ込んだ場所はあなたがどんな人かを知る手がかりになるのです。

安心で安全な場所なので、もしかすると、取るに足らないものに見えるかもしれません。所詮は遊びだなんて思ってしまうこともありそうです。

それでも、きっと気づくでしょう。その場所にこそ喜びがあると。自分に生きる力を与えてくれていると。

「こんなものが仕事に？」と思うかもしれません。

あまりに身近だと特別感もありませんよね。気づかぬうちに、毎日毎日、何年も何年も、一緒の時間を過ごしているものはないでしょうか。

東山さんも「遊びで」たくさんの時間を小説とともに過ごしていたはずです。私が数秘術といつの間にか長い時間を過ごしていたように。

逃げ込んだ世界にあなたにとっての本物があります。

「こんなもの」と思ってしまうような身近なものこそ、「かけがえのないもの」なのです。

あなたが苦境で逃げ込んだ先はどこですか？

新しい価値観があなたを変える

ドン底で得たものがピンとこないという方は、次の話を参考にしてみてください。

数秘術家としてセッションに臨んでいたある日、「カウンセラーの勉強をはじめたい」という女性がやってきました。

職場でパワハラに合い、とても辛い思いをしたので、その体験を生かしたカウンセラーになりたいというのです。お会いするとはつらつとしており、苦しんでいる様子はありません。

「今は大丈夫そうですね」

そう声をかけると、再起までのドン底の期間がどれほど長く辛いものだったかを話してくれました。

パワハラに苦しんだ彼女が逃げ込んだ先はカウンセリングでした。

カウンセラーの助けを受けることで「だまっていてはいけない」という新しい価値観を手に入れることができたのです！

それまでは耐えることに必死になっていました。仕事を失う恐怖にとらわれ身体を壊してしまったほどです。

その後、「だまっていてはいけない」という新しい価値観を実践した彼女は、職場をより働きやすい環境に変えることに成功します。

しかし、そのことで彼女自身はすっかり以前とは変わってしまい、別の夢を抱くようになりました。

「パワハラ専門のカウンセラーになりたい」
「だまっていてはいけないことを多くの人に伝えたい」
「堪え忍ぶしかなかった自分のような人を救いたい」

彼女のような人がパワハラ専門のカウンセラーになれば、きっと多くの人に求められる「使命の仕事」に成長するでしょう。なぜなら、彼女が実際にパワハラによる精神的な死を背景にもっているからです。

「今、パワハラが話題だな、需要もあるな」と思って、何の背景もなくパワハラのカウンセリングをしても相手には何も響かせることはできません。

使命とは、精神的な死を背景に得た、新しい価値観を分かち合うことなのです。

このようにドン底の体験は、それまでの平穏な日常を終わらせる引き金になります。ドン底とは、新たな価値観を得て生まれ変わるための特別な機会と考えてもいいでしょう。

しかし、**生まれ変わるには一度「精神的な死」を体験しなければなりません。**精神的な死とは、虚しさ、苦しさ、絶望のある体験のことです。それによって今までの自分を終了させ、ゼロになる必要があるのです。

その過程は苦しく、心がズタズタになったり、大事なものを失うこともあるでしょう。ただ、それだけでは終わりません。

そう、ドン底は「その後」が面白いのです！

ドン底には人を変える力があります。

あなたはドン底のとき、もがいて救いを求めるでしょう。そして自分の中にはなかった新しい価値観を得て、新しい自分になります。ドン底以前と以後とでは、まったくの別人になっているのです。

私自身も、家事育児の幸せな毎日の中で、突然虚しさにおそわれて徐々に新しい自分を創造し、数秘術家になりました。

創造性に通じる道があるとするならば、それは精神的な死があってはじめて通じる道なのでしょう。

辛く苦しい体験が、次なる生き方を創造するのです。死の世界が、同時に豊かな命の源であるのと同様に。

だから、ドン底は「その後」が面白いのでしょうね！

生き延びるための物語は美しい

人類の歴史を振り返れば、神話は文字が生まれる前からありました。人々は生きる上での学びの経験則を神話という形に昇華し、語り継ぐことによって生き延びてきたからです。

世界最古の英雄譚『ギルガメッシュ叙事詩』やギリシャ神話のオデュッセウスの物語も、人生の旅における内面的な体験を映し出したものと言われています。長い時間による淘汰を耐え抜いた物語は、人間の原理により近い物語なのかもしれません。

しかし、その神話も、最初は一市民がつむいだ物語からはじまったはずです。そして、物語は、何も古代だけが生み出したものではありません。古代から現代まで、連綿と生まれ続けているのです！

生き延びるために寄与した美しい物語は、明日を生きる人のため今日もどこかで誕生しているでしょう。

ここで、私の数秘術講座の受講生で、現在は数秘術家でありセラピストとしてもご活躍しているユリさんの物語をご紹介しますね。

ユリさんは、二人の子どものママです。結婚してすぐに長女を、2年後には長男を授かりました。

かわいい子どもが二人、きっと幸せが訪れる。そう思っていたのですが、現実は違ったと言います。

産んですぐ体力を回復させるために無痛分娩を選んだのに、戻らない体力。身体の痛み、睡眠不足、貧血、おっぱいの痛み。それでもママとしてうまくやらなくちゃと思っていました。

ユリさんは、産む前からいろいろな本を読んで育児の勉強をしていた頑張り屋さん。

「二人目を産んだら、上の子のケアが必要なんだな」

「こんな風に一日を回していけばいいんだな」

「部屋はきれいに、かわいくしてテンションをあげよう」

でも、できませんでした。

身体が辛い。下の子の授乳とおむつ交換で精一杯。上の子のケアをしたいけれど、できない。

「ごめんね、本当にごめんなさい」

ユリさんは自分を責めるようになりました。ご主人に対しても「一日中仕事しかしないあなたはいいよね」と思ってしまったそうです。

二人目を産む前に想像した幸せは手に入りませんでした。

どう頑張っても幸せになることができない。そのドン底の状況が、ユリさんにある変化をもたらします。

自分の今の価値観や努力の仕方が間違っているのではないか。

そう思ったユリさんは、自分と同じように二人の子どもを育てているのにどこか幸せそうな友人に、「幸せになる方法」を聞くことにしたのです。

そして、そのお友達から教わったたくさんの動画やブログを見ることにしました。

その内容は、ユリさんにとって驚愕するものでした。

「今の現実を作っているのは自分」

しかし同時に、動画やブログが与えてくれたのは、彼女が今までまったく知らなかった新しい価値観でした。驚きはしたけれど、腑に落ちる、安心する世界でした。ありきたりな言葉だった「すべては自分次第」という言葉が、自分のためにあるように思えたそうです。

新しい価値観が手に入れば、以前とは別人になったも同然です。ユリさんは「今の感情が現実を作っている」という事実を発見し、それなら「自分の感情がアガることをしよう！」と決めました。

〈ユリさんの物語〉
今の感情が現実を作っている
←だから、
自分の感情がアガることをしよう！

これは、ユリさんの体験が導き出した、唯一無二の彼女の物語です。言葉だけ並べるならありきたりでしょう。重要なのは、自分のためにある言葉だと思えるかどうかです。

ちょっと気の利いた言葉だなと思って背景のない人が語っても空虚なだけ。この言葉の背景に「精神的な死」をもつユリさんだからこそ、生き延びるための物語として語ることができるのです。

ユリさんは、自分を変えてくれた新しい価値観についてさらにインプットしたくなり、夜泣きで起こされる午前2時、3時にも、おっぱいをあげながら本を読むようになりました。

そのときのユリさんにとって「感情がアガる」ことというのは、感情がどのように現実を作っているかについて書かれた本や、西野亮廣さんや堀江貴文さん、落合陽一さんの本を読むことでした。

読むほどに感情はアガりました。もっと読みたい、もっと学びたい、もっと……

次第にユリさんは周りのことが気にならなくなってきたことに気づきます。以前はあんなに苛立っていたのに、ご主人が子どもと遊ばずに携帯ゲームをしていても気にならない。

自分に集中するのは自己中心的だと思っていたけれど、「これって世界平和につながるのでは」と考えるようになりました。

「感情がアガることをする」

これだけで喜びが生まれ、生き方が変わったのですね！

自分のやりたいことをやったらワガママなんてとんでもないことです。ママが喜びで満たされると、家庭も喜びで満たされていくのです。

上手くいかないことを認め、改善策を探し、新しい価値観を見つけて、自分の行動に反映させていく。説明すればそれだけですが、現実にユリさんのつむいだ「生き延びるための物語」は家族みんなに喜びがある美しいお話になりました。

あなたは、どのような物語をもっていますか？

あなたの物語を、どうか分かち合ってください。必要としている人が必ずいます。

私は何をするために生まれたのか。それは、生き延びるための物語を分かち合い、苦しんでいる仲間に「生きる力」を与えることなのです。

好きなことが果たす役割

生き延びるためにしたことが使命につながるのなら、「ただ好きなこと」はまったく無意味なのだろうか。好きなのに、人からは求められなかったものの存在って何だろう……。

ここまで読んで、そう疑問に思われた方もいるかもしれません。

私も「好き」なことについて、長い間考え続けてきました。数秘術家として生きても、心から離れなかったのがマンガへの愛。誰にも求められなかったからって、マンガに捧げた時間は本当に無意味なのだろうか。それが大きな疑問でした。

・好きなこと＝自分の「生きる力」を満たすため（マンガ）
・生き延びるためにしたこと＝みんなの「生きる力」を満たすため（数秘術）

だから、私にとってのマンガは自分を満たし、数秘術家としての使命を果たすための燃料の役割ということになります。

でも、「自分のため」だけなのか、どうあがいても「みんなのため」にはつながらないのか、ともんもんと考えたものです。

マンガは私にとっての憧れでしたからね。対照的に、数秘術には憧れなど全然ありませんでした。ただ生き延びるために必死でやっていたものです。

私がはじめて本を出版したときに、この疑問へ一つの答えを得ることになりました。読者の方にこんなことを言われたのです。

「レニさんの文章は絵画的ですね」

「レニさんの文章は風景が目に浮かんできます」

その感想を聞いて、そうだったのかと膝を打ちました。私は、絵描きにはならなかったけれど、絵画的な文章を書くようになった。

「好きなことは、使命に個性を与える力がある」と気づいたのです。

私は以前、数秘術講座に参加していただいたカワイイ食卓研究家のきゃらきゃらさんから、とても興味深いメールをいただきました。

ここにそのまま掲載しますので、「好きなことが使命に個性を与えているか」ということを読み取ってください。

『レニ先生、この間の講座では、大変お世話になりました。

自分がやるべきことの方向性が、今の方向である「料理」で間違っていないこと、そして宇宙に見守られているのだと、改めて実感しました。

私は若い頃、テレビで活躍する女優になりたくて、お芝居をずっと勉強してきて、いろいろとオーディションを受けたりしていました。しかし、何をやっても上手くいきませんでした。

料理は、小さい頃から好きでよくやっていて、周りから褒められることが多く、そっちの道に進みなよと、言われていましたが、私はどうしても女優になりたかったので、そのことには耳を傾けないようにしていました。料理が得意な自分、料理が好きな自分を、ひたすら封印してきたのです。

しかし、女優にはなれず、諦めて結婚しました。そして、結婚を期に、また料理をするようなりました。旦那のため、子どものため、家族のため。

やりだすと、料理は楽しく、家族が私の作った料理で笑顔になるのが嬉しかったです。

そして、やっぱり自分には料理が向いていると思い、何か料理で仕事がしたいと思いはじめました。

そんなとき、テレビのコンテスト番組「ヒルナンデス」の「レシピの女王」を見て、応募してみようと思いました。書類が通り、テレビで2回戦まで進みましたが、負けてしまいました。

その悔しい思いから、もっと料理を勉強したいと思い、イタリア料理の厨房で働きはじめました。そして、レシピの女王に出たのがきっかけで、料理家の事務所に入れてもらい、現在はそこから仕事をもらっています。

また、同じ時期からはじめたインスタグラムも、今ではフォロワー数が、1万4000人を超え（原稿を書いている時点では3万人超え）、そちらからもたくさん仕事をいただけるようになりました。

料理を仕事にしてからは、やる事のほとんどが上手くいき、やった事がまた次につながり、どんどん大きくなっていっています。

自分が生き延びるためにやってきたことが自分の使命という、レニ先生の言葉を聞いて、過去を思い返してみました。

私が小さい頃、うちの両親はとても不仲で、毎日毎日ケンカをしているような夫婦でした。でも、私が料理を作ると、父も母も笑顔になりました。

そんなことから、私は二人が笑顔になるのが嬉しくて、毎晩、家族のごはんを作るようになりました。今考えると、それが「私の生き延びるためにやってきたこと」だったのかなと思います。

そういえば、レニ先生が、自分の使命に向かってやるべきことをやっていればご褒美がもらえるって言っていましたが、私もご褒美をもらっていた事に気づきました。何かというと、**女優を目指していたときにはテレビに出たくても叶わなかったのですが、料理家をはじめて、いくつもテレビに出させてもらった事です！** これって、宇宙からのご褒美かなと思います』

好きなことがどんな役割をしているか、読み取れたでしょうか。
女優に憧れたけれど、それにはなれなかった。
生き延びるためにやってきた料理を仕事にしたら、いくつもテレビに出させてもらった。

彼女の個性である「エンターテイナー」の資質が、「料理家」としての魅力となって輝いていますね。

・好き・・・エンターテインメント
・使命・・・料理

好きなことは無駄ではありません。むしろ、使命を果たすときの「あなたらしさ」を演出してくれる大切なものです。ですから、好きなことは純粋にどんどん愉しむべきです！

仕事になるならないとは別次元の、「あなただけの魅力」を生み出してくれるものなのです。

第3章

数秘術でわかる！あなたが今、やるべきこと

Numerology tell you

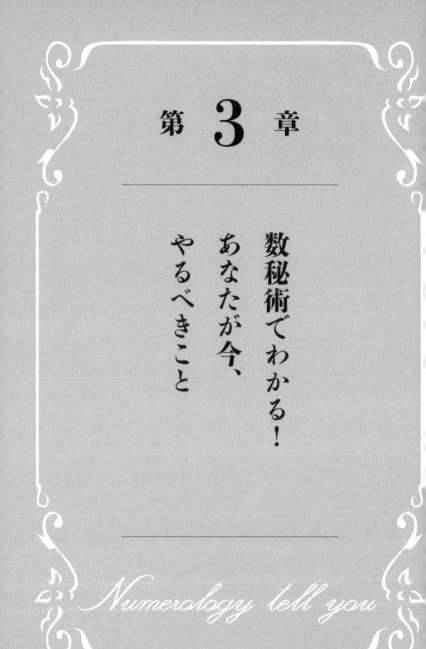

自分の意思をより高次の意思（神や宇宙など）にゆだねれば、自我が抱く計画よりずっと深い意味をもつ信号に自分が従っていることが理解できるようになります。

キャロル・アドリエンヌ『人生の意味』
（住友進訳、主婦の友社）より

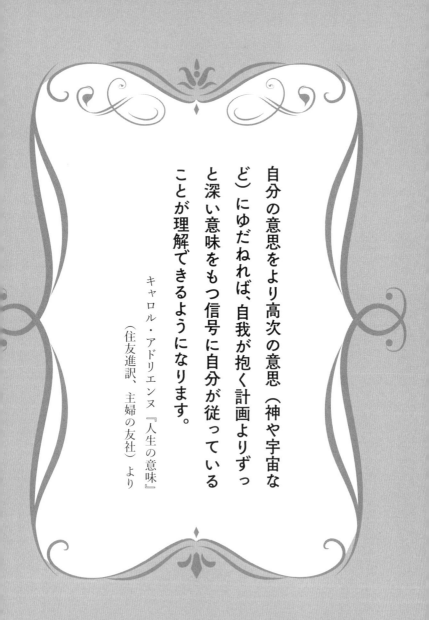

人生の流れに軸を作る

前章では「あなたの使命」という大きなテーマについて探求しました。

ここからは、「使命に気づいた今、何をするべきか」というステップに入っていきます。


〈数秘術の９年サイクル〉

「使命に気づいた今、何をするべきか」

私がこのステップで取り入れたのが数秘術の９年サイクルです。

９年サイクルとは、自分自身に影響を与える一年ごとのエネルギーを数で表し、私はそこからテーマやレッスンを読み取るものです。

ドイツの文豪ゲーテは、「灯台の光がときどき場所を変えるように見えたとしても、私はその光をしっかりと見ていよう。そうすれば最後には無事に岸に着くことができるだろう」＊と言いました。

＊　一校舎比較文化研究会編『自分の心を見つけるゲーテの言葉』（永岡書店）

海上で暴風雨におそわれた船頭の話をした後で語った言葉ですが、「揺れているのは灯台ではなく自分」という読み方もできます。

私自身、「波に翻弄されるだけの小舟」のような時期がありました。波間からかすかに見える灯台も大揺れで、自分がどこに向かっているのか、さっぱりわかりません。私は灯台が視点に定まるまでじっと見つめる必要がありました。

じっと灯台を見続けるため、つまり自分が揺れないでいるために、数秘術の9年サイクルを軸にした生き方をするようになったのです。

〈灯台を見続けるための不動の軸〉

9年サイクルにおいて、見続けなければならない灯台の役目を果たすのは、「**人生は常に最善の方向に向かっている**」という価値観です。

たとえば、電車に乗り遅れても、友達と疎遠になっても、会社をやめなければならなくても、最悪だとは考えません。

「大丈夫。自分は最善の方向に向かっている」と考えます。

私たちは自然の力によって最善の方向に向かって成長するように「生かされて」お

り、目標に向かう過程で、一見最悪に見えることが起こっても、「それは最善への道のりの一つにすぎない」と考えるのです。

今思えば、友人がもってきた書店の仕事が、本を書く最初のきっかけでした。ところが本心では、制服があったり土日出勤だったりすることから乗り気ではなく、生活のための消極的な選択だったのです。

しかし、今こうして執筆していると、「すべてはこのためだったのか」と感慨深く思います。

そのときはわからなくても、起こる出来事はすべて必然で、自然が創造する計画通り（最善）の方向に向かっているのです。

ただ、この「最善の方向」という灯台も、人生の荒波の中では揺れに揺れて信じられなくなることもあるでしょう。

なぜなら心は揺れ動きます。喜んだり悲しんだり、安堵したり焦ったり。周囲の影響のままに形を変える不安定なものなのです。

もし、そんな不安定な心に、１本の揺るぎない軸があったらどうでしょう。

９年サイクルは、周囲の影響や感情にも左右されない不動の軸として心を支える役割を果たしてくれます。

揺るぎない軸としての9年サイクル

数秘術の9年サイクルが不動の軸になり得るのは、1～9までのサイクルそのものに「自律した流れ」があるからです。

自律しているので、心の浮き沈みや外的事象に一切の影響を受けません。

その流れは、「命が生き延びるための秩序」に満たされており、その秩序を取り入れると、混沌とした人生が整然としたものに変わります。

荒れ狂う心は穏やかになり、今やるべきことや歩むべき道がひとりでに見えてくるようになるのです。

〈命が生き延びるための秩序〉

神話学者のジョーゼフ・キャンベルは、世界の神話を研究し、神話に共通のあるパターンを見つけました。

「何者でもない神話の主人公が、ある日を境に冒険の旅に出て、幾多の試練を乗り越え、勝利し、宝物をもって帰還する」というものです。

９年サイクルの流れも、そのパターンに構造が似ています。

神話があらゆる苦難を生き延び、繁栄することを願った物語であるとするならば、数秘術の９年サイクルの流れにも、命が繁栄するための整然とした秩序があるはずです。

そして、その秩序に従った私は、９年サイクルを軸にしながら、人生の停滞を乗り越え、起こる出来事の意味を分析し、行動するための最善のタイミングを見極め、どんどん自分らしさに還っていくことになったのです！

ここで、９年サイクルがどのような構造になっているのか、１～９までの全体像を見ていきましょう。

〈9年サイクルの構造〉

▼１～４は、１（はじめる）から４（形にする）までの土台作りというプロセス。

1　はじめる
2　個性を育てる
3　自分を表現する
4　形にする

▼5～8は、1～4を土台に、5（冒険）から8（実現）までの行動に起こすプロセス。
5　自分がやりたいことをやる（冒険）
6　人に求められることをやる
7　自分の本質に向かう
8　はじめたことの収穫へ（実現）

▼9は、新たな創造のための破壊のプロセス。
1～8のプロセスで獲得してきた豊かな人間関係や成功した仕事など、自信を与えてくれた対象の一部を壊し、次なるサイクルを呼び込むためのプロセス。何かを失い、何かを得て、新しいサイクルの1を目覚めさせます。

〈らせんの成長〉

数秘術では宇宙も人間も「らせんの成長」を遂げると考えています。

1～9までのプロセスをぐるっと回りながら成長して元に戻りますが、次のサイクルの1は以前の1ではなく、成長によって目盛りの上がった1。

らせん階段を上るように、宇宙も人間も成長していくと考えます。

あなたは今、9年サイクルのどの辺りにいるのでしょうか。

次の項目で詳しく見ていきましょう！

【個人年】あなたの今年のテーマ

「個人年」とは、あなたが9年サイクルのどこにいるのかを示すものであり、その年（1月1日～12月31日まで）のあなたに影響を与える数のパワーを表します。この数から、あなたがその1年で軸とするべきテーマがわかります。
なお、数のパワーは前年の10月頃から徐々に現れて次第に大きくなり、1月1日で切り替わります。10月になったら、翌年のパワーをためはじめましょう。
それでは、あなたの個人年を算出します。

〈個人年の算出方法〉

（例）12月26日生まれの２０２１年の個人年を算出します。

①生まれた月と日を1桁になるまで足し合わせます。

■12月26日生まれ

１＋２＋２＋６＝11→１＋１＝２

②調べたい年を1桁になるまで足し合わせます。

■２０２１年

２＋０＋２＋１＝５

③「①と②」で出た数を合算し、１桁になるまで足し合わせます。

■①＋②

２＋５＝７

＊12月26日生まれの２０２１年は個人年７です。

あなたの個人年は算出できましたか？

次に、ご自分の個人年を確認してみましょう。

★［個人年1］すべてのはじまり。道なき道を切り開く年

◎テーマ

昨年とは違う「新しい自分」に気づき、可能性の種を蒔く年です。
今までの流れと決別し、新たな関心に飛び込みましょう。
自分の足で立ちあがることが1の年のレッスンです。
種を蒔かずして、将来の収穫はありえません。
心惹かれたことや湧きあがるアイデアをそのままにしないこと。
あなたの意志で行動を起こし、道なき道を切り開きましょう。

◎過ごし方のポイント

新しい価値観と出会う・種を蒔く・自尊心を高める・自分の足で立つ

◎停滞感のある方へ

昨年と同じことを続けていませんか？

今年のあなたは昨年とは違う新たな興味や関心を受け取っています。はじめましょう。気になるのは、あなたに必要だからです。

◎2の年に向けて

今年蒔いた種が来年の個性の芽吹きに繋がっていきます。つまり、種を蒔かなければ何も動かないということ。とりあえずやってみるというフットワークの軽さが大事です。

★［個人年2］個性の芽吹き。ゆっくりと育つ年

◎**テーマ**

必要な知識や人とのつながりを蓄えながら、ゆっくりと育つ年です。
昨年蒔いた種が芽吹き、自分らしい輝きを見せはじめています。
心を開くことが2の年のレッスン。
お互いの個性を認め合うことについて学びがあるでしょう。
早く結果を出したいと思ってはいけません。
着実に成長している自分を信じて辛抱強く待ちましょう。

◎**過ごし方のポイント**

個性に光を当てる・受け入れる・知識やご縁を蓄える・結果を求めない

◎停滞感のある方へ

種を蒔いたばかりなのに、もう収穫しようとしていませんか？
認められたいという気持ちは心にプレッシャーを与えます。
今やるべきことは、人との違いを楽しみ、その違いを伸ばすことです。

◎3の年に向けて

あなたは芽を出したばかりの若葉。養分を与え、風雨から守り、その資質を大切に育てなければなりません。今年育まれた個性が来年は外に向かって花開きます。

★［個人年3］自分らしさの開花。自由に表現する年

◎テーマ

高まる創造力を味方に自分らしさを表現できる年です。
2の年に芽吹いた個性は、この年に花を咲かせるでしょう。
インスピレーションのままに、あなたの魂を遊ばせてあげてください。
3には結集の意味があり、人、もの、チャンスを引き寄せます。
他人の評価を気にしないこと。
心の自由を取り戻すことが3の年のレッスンです。

◎過ごし方のポイント

自由な発想・自己表現・遊び心・楽観性

◎停滞感のある方へ

本心を出すことにブレーキをかけていませんか？
心の声を遮っていないか、振り返ってみましょう。
必要なら、本当の望みを天に向かって叫んでください。

◎4の年に向けて

生きている喜びを感じることに没頭しましょう。
文章・絵・音楽・作品創作などを通じて、あなたの核心を表に出すのです。
今年あなたが解き放ったものは、来年一つの「形」となって成就します。

★［個人年4］想いを形に。自己基盤を築く年

◎**テーマ**

これまでの着想に「形」を与える年です。
実践によって、揺るぎない基盤を創りましょう。
4の年に築いた基盤は、今後の飛躍を生む土台となります。
目の前の壁は「改善・洗練」による質の向上を求めています。
あきらめないことが4の年のレッスン。
すでにもっている技能を磨きましょう。

◎**過ごし方のポイント**

改善する・実務に徹する・客観性・安定感

◎停滞感のある方へ

神様がくれたハードルを行き詰まりと勘違いしていませんか？
今年はあきらめる年ではなく力をつけていく年です。
今あるものを活用しきれているか点検しましょう。

◎5の年に向けて

やりたいことはスケジュールに入れる、ほしいチケットや備品は購入するなど、想いを形に変換しておきましょう。小さな実務の積み重ねが安定を生み、来年の「変化と冒険」を可能にします。

★［個人年5］変化と冒険。自分がやりたいことをやる年

◎テーマ

4の年までの基盤を軸に、次なるステージへ進む年です。
ずっとやりたかったことに今こそチャレンジしましょう。
これが順当だと思うレールから出て、未踏の地に踏み出すのです。
自分の中にある荒々しい衝動を信じること。
保身、予定調和、惰性など、怖れの克服が5の年のレッスンです。
強いエネルギーを感じる方向へ舵を切りましょう。

◎過ごし方のポイント

チャレンジする・体験する・自分のルールで動く・柔軟性

◎停滞感のある方へ

現状維持という名の安定を求めていませんか？
不安は一歩踏み出せば消えるものです。
今までと同じではいられないことを受け入れましょう。

◎6の年に向けて

今年やりたいことを充分にやれた人だけが、来年みんなを支える側に回れます。支える側になってはじめて人間的な大きさが与えられます。

そのためにも、今年は自分のルールで好きなことをやりましょう。

★［個人年6］愛でつながる。人から求められることをやる年

◎テーマ

今まで受けてきた愛を周囲に返す年です。
「生かされてきた」ことに感謝しましょう。
教えたり、育てたり、助けたりと人々を支えることで成長できます。
人から「求められたこと」は喜んで取り組みましょう。
どれだけ我を小さくできるかが6の年のレッスンです。
家族との問題が浮上したら、受け入れる姿勢で対処しましょう。

◎過ごし方のポイント

支える・耳を傾ける・頼まれごとをやる・家族との和解

◎停滞感のある方へ

理解してもらえないことに苛立っていませんか？

あなたがするべきことは、相手の話を聞くことです。

5の年にやりたいことから逃げた人は、人の求めをはねつける傾向があります。早めに着手しましょう。

◎7の年に向けて

来年は一息できるので、今年はできる限り周りの求めに応じましょう。人を喜ばせるだけでなく、あなたの価値にも気づけます。人を受け入れて人間的な成長をしておきましょう。

★［個人年7］本質へのシフト。内なる声に耳を澄ます年

◎テーマ

自分の本質に近づくための軌道修正の年です。
過去7年間を振り返り、自分に合わなくなったものを手放していきましょう。
執着心があってもエネルギーを消耗する対象からは離れることです。
手放しが進むと、「行くべき場所」にシフトできます。
過去の遺物から手を離せるかが7の年のレッスンです。
内なる声の呼びかけに気づくためにも、心静まる環境で過ごしましょう。

◎過ごし方のポイント

本質に還る・執着しない・休む・一人の時間をもつ

◎停滞感のある方へ

動けない自分を責めていませんか?
今は立ち止まっていいときです。
それまでの生き方は、もはや重要ではありません。

◎8の年に向けて

うすうす気づきながら見ないふりをしていた新天地へ移動するときです。役目を終えた場から立ち去りましょう。来年はこれまでの努力が実を結ぶとき。その実を収穫するには、今年中に大事な移動を終えることが必須です。

★［個人年8］実りと収穫。パワーを感じる年

◎**テーマ**

これまで成長してきた自分の「成果」が味わえる年です。
プロフェッショナルな印象を与え、影響力も拡大します。
自分のプロジェクトを一心に推し進めましょう。
少しのつまずきであきらめないこと。
人に頼ったり仕事を任せたりすることが8の年のレッスンです。
出費が多くなるかもしれませんが自己投資は自分に還ってきます。

◎**過ごし方のポイント**

目標を掲げる・自己投資・事業の拡大・寛容さ

◎停滞感のある方へ

何でもひとりでやろうとしていませんか？
周りの人の出番を作ってあげましょう。
7の年に執着を手放せていないと苦しい状況が続きます。早く手放しましょう。

◎9の年に向けて

来年は9年サイクルを完結させる年であり、同時に新たなサイクルへ移行する準備期間となります。今年中に収穫できる成果を刈り取り、達成感を味わえるような仕事をしましょう。次のサイクルで芽吹く種は、8の年の実りから得られたものです。

★［個人年9］破壊と創造。新たなステージへの準備の年

◎テーマ

来年からの大きな変化に伴い、生き方の見直しを迫られる年です。
学び終えた何かが壊れ、あなたのもとを去るでしょう。
同時に、新しい流れの到来のための準備がはじまります。
あらゆる変化に身をゆだねることが9の年のレッスンです。
いろいろな軋みは次のステージへ上がるための産みの苦しみ。
大きな視点で次のステップへの計画を立てるといいでしょう。

◎過ごし方のポイント

変化を受け入れる・痛みを癒やす・終わらせる・無理なコントロールをしない

◎停滞感のある方へ

終わったとわかっていることを続けていませんか？
それはもう、あなたには必要ないのです。
傷を癒やし、再び立ち上がる準備をしましょう。

◎次のサイクルの1の年に向けて

上手くいっていたやり方、仕事、人間関係の一部が壊れますが、それは今後徐々に到来する新しいエネルギーのためのスペースです。新しいサイクルに向けた変化を信頼し、視界が開けてくるのを待ちましょう。

《個人年を読んで感じたことを書き留めましょう》

①あなたの個人年は何年ですか?

☆個人年「　　」年

②個人年のテーマを読んで気になった言葉や文章はどれですか?

③「今やるべきこと」を考えたときに思い浮かぶものは何ですか？

９年サイクルの活用術①　〜数のパワー通りに生きる〜

個人年を確認できたら、ライフ・タイムラインの個人年の欄にも書き込んでみましょう。
２０２１年のあなたの個人年が2なら、昨年は1、一昨年はサイクルの最後の年である9になります。年をさかのぼる度に数字は一つずつ小さくなります。逆に翌年は

3、翌々年は4となり数字は一つずつ大きくなります。

これで、あなたの人生に9年サイクルという軸が通りました。これは前述したように「1~9の成長のリズム」をもつ自律した軸です。このリズムに沿って生きることで、揺れ動く心を中心とする生き方は終わり、混沌に秩序が生まれてきます。

◆混沌=揺れ動く心が作りだすもの
◆秩序=1~9の成長のリズムが作りだすもの

人生が混沌としているのは揺れ動く心が軸になっているからです。

あなたがもし、混沌とした状況、例えば、どうしていいかわからないとか先が見えないという状態ならば、一旦考えることをやめ、心を「無」にしてみましょう。

あれこれと悩む心では「自分のことばかり」になってしまいます。

悩んでいるので自分のことを考えるのは当然ですが、それは「他者の救済」という使命の本質とは正反対。自然の摂理は働かず、良い流れは生まれないでしょう。だからといって、自分のことでいっぱいなのに他者の救済などできるはずがありません。

だから一度、考えることをやめ、心を「無」にするのです。

何も考えずに、深呼吸をしてみましょう。

今のあなたに必要なのは、自然の流れの感覚を取り戻すことです。

それは、朝、太陽が昇り、夜には沈む整然とした命の流れの感覚。

あなたの呼吸も心拍も、あなたが何もせずとも最適な状態でリズムを刻んでいることを思い出しましょう。自然の創造は、「ひとりでに」なされるものです。

例えば、私の数秘術講座の受講生が、学び終えてすぐに相談のメールをくれたことがありました。

困っているというので何があったのか尋ねると、「学び終えてすぐなのに、数秘術のセッションを受けたいと言われてしまった。まだ準備が足りない」と言うのです。

理由を詳しく聞くと、「自分のこと」をいろいろと考えていることがわかりました。

・まだ完璧ではない
・お金をもらえば責任がつきまとう
・満足してもらえなかったらどうしよう
・自分が傷つくのが恐い
・自分にできるはずがない

ぐるぐると不安はいくらでも出てきます。この申し出を受けたら十字架にかけられるくらいの恐怖を感じているのです。

「その考えがなかったら、どんな気持ちですか?」

と私は尋ねました。

「その考えがなければ……、安心しますね」

彼女はキョトンとしながらも、そう答えました。

自分のことばかり考えているときは、たいてい自然の流れが創造した事実と戦っています。彼女も「数秘術のセッションを受けたいと言われた」という事実と不毛な戦いをしているのです。

ひとりでに起こってくる事象は、起こるべくして起こるもので、あなたが困惑しようがどうしようが、太陽は今日も昇るのです。

ひとりでに起こってくる流れを再び感じるためにも、あれこれ考えて自分を阻害することをやめなければなりません。

考えが強過ぎると受け入れられず、考えないようにすれば受け入れられるでしょう。

その上で、あなたの個人年の意味に目を通し、その通りに生きることに集中してみましょう。

・あなたが１の年なら、はじめてみる。
・あなたが５の年なら、好奇心をもってみる。
・あなたが９の年なら、すべてを流れにゆだねてみる。

〈自然の流れを取り戻すプロセス〉

❶心を無にする……考えるのをやめる
❷自然の流れの中へ入る……９年サイクルの秩序を受け入れる

❸自然の創造を待つ……「ひとりでに」起こってくる流れを信じる

あなたがすっかり自分を明け渡したとき、呼吸や心拍を司る自然の力が、あなたの生き方を整えようと動きはじめます。秩序が整えば、焦りや不安にかき消されていた心の声が聞き取れるようになり、「これが自分の真実だ」と思えるような方向へ進むことができるでしょう。

9年サイクルの活用術②〜思い込みから自由になる〜

揺れ動く心を軸に生きると、新たな苦しみが生まれます。

それは、日々の生活で積み重ねた「思い込み」にとらわれてしまうことです。心は毎日、せっせと思い込みを刷り込んでいます。

例えば私のセッションでは、「父親と話ができない」という女性に何人か出会いました。

共通しているのは、父親は話をしてくれない、自分には興味がない、そう考えて自分から話しかけなくなり、親も何も言ってこなくなる。そんなパターンです。

そうして話をしない時間がどんどん降り積もっていきます。しかし、本人はずっと、もんもんと悩んでいるのです。おそらくは、父親の方も。


よくよく聞くと、最初の思い込みが発生したのは子どもの頃。ですから、数十年という長い年月を経た思い込みが、ほとんどその人のアイデンティティーにまでなってしまっているのです。

「私は父親に話をしてもらえない存在である」というアイデンティティーに。

そうなると、すべては思い込みに支配され、私はこういう人だという前提で世の中を生きることになります。

ですが、苦しみや痛みを伴う「思い込み」はほとんどが真実を表していません。苦しんでいるそのこと自体が、「違うよ」という警告を発しています。

一人の女性は、セッションでその悩みを打ち明けたときに、９年サイクルの６の年を迎えていました。

個人年6は、愛でつながる、人から求められることを行う年です。今まで受けてきた愛を周囲に返す、「生かされてきた」ことに感謝する年。その年のテーマを知った彼女は、数十年とらわれていた負のアイデンティティーをあっさりと捨て、「自分から父に話しかける」ことに決めたのです。

揺れ動く心を軸に生きると、事実ではなく心が思い込んだことをアイデンティティーにしてしまいます。そこに9年サイクルという新しい軸を入れることで、とらわれた思い込みが壊れ、自由になるのです。

私たちは作戦を立て、次の3つについて父親に聞いてみることにしました。

・子どもの頃の憧れ
・今の仕事を選んだ理由
・夢と挫折について

長い間親子として暮らしながら、親のことを何も知らない人は多くいます。おそらくこのとき、彼女は親を知るタイミングが来ていたのでしょう。

親は自分の素材です。親を受け入れることは、そのまま自分を受け入れることなのです。


後日、父親と話すことができたと連絡がありました。

長く独身生活を送った父親は、家族をもつことが夢だったこと。しかし、子どもとふれあったことがなかったので、どうしたらいいかわからなかったこと。単身赴任をしたときにもらった手紙がうれしかったこと。

そして、彼女が子どもだった当時の仕事の悩みまで打ち明けてくれたそうです。


父親は、話しかけると普通にしゃべる人でした。この話し合いによって、数十年の思い込みは、事実を歪めたものだったことが明らかになりました。

子どもの頃、話しかけたときに、父親は激務で疲れていたのかもしれません。何かに傷ついて頭がいっぱいだったのかもしれません。しかし決して、「娘と話さない父親」ではなかったのです。

苦しい思い込みの背後には何らかの誤解や事情があります。それらを丁寧に取り除いた後に顔を出すのは愛そのものです。

9年サイクルの秩序は、その思い込みを溶かし、心の自由をもたらしてくれます。数の意味を受け入れ、それをきっかけに湧き出した直感は本物です。

なぜなら、数の意味は、あなたの成長を心から願う愛に満ちたものだからです。そして、その愛が、苦しい思い込みを蹴散らし、あなた自身を思いやり、愛することを思い出させてくれるのです。

第4章

好きなことは、仕事ではなく武器にする

our favorite as a weapon

僕は楽器を演奏できません。少なくとも人に聞かせられるほどにはできません。でも音楽を演奏したいという気持ちだけは強くあります。だったら音楽を演奏するように文章を書けばいいんだというのが、僕の最初の考えでした。

村上春樹『職業としての小説家』(スイッチ・パブリッシング)より

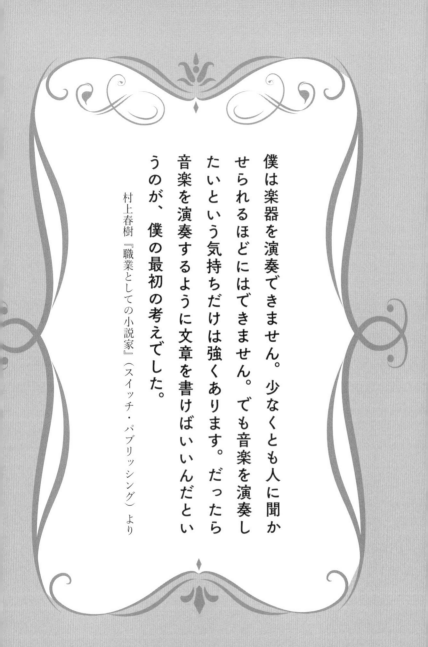

「好き」を武器にする

ＮＨＫの「日曜美術館」にテレビのチャンネルを合わせると、デザイナーのコシノヒロコさんがキャンバスに絵を描いている場面が映し出されました。

子どもの頃、画家に憧れていたそうです。

無心に描いているその姿は、まるで行者のよう。仕事をしながら、プライベートでは長年絵を描かれてきました。

「原点はここです」

アトリエで絵に囲まれながらの言葉は力強いものでした。

別のインタビューでも、

「（絵を描かないで）ファッションばかりやっていても行き詰まっちゃう」

と語っています。

これほど絵が好きだったコシノヒロコさんがデザイナーになったのは、実家が洋裁店で長女だったためです。

「貧乏画家にならないでほしい」

「洋裁店の跡継ぎだ」

そう母親に言われ、1年ほど拗ねていた時期もあったそうですが、最終的に服飾の道に進みました。

ご本人は「犠牲になったとは思っていない。母に喜んでもらいたかった」と語っています。

★絵＝武器
★デザイナー＝使命

「ファッションブランドには『自分らしさの核』がないとダメ。らしさがなければ、いいブランドとは決して言えないし、ついてくるファンもいない。私にとっては、絵画がブランドの核を作る力なのです」

コシノヒロコさんにとって、絵は自分を構成する一つの世界。内側から生まれた最初の形。原型なのです。それが、そのまま洋服になって、多くの人々に渡っていく。

「好き」とは、自分の原点です。

そこには、救われたとか、みんなのためにとか、理屈は何もありません。

ただ、喜びだけがある。

ただ、好き。


好きとは、自分の内側の何かが癒やされ、お金にならなくてもやり続けたいと思うもの。やっていて自然なもの、自分そのものです。

それが、「好き」であり、その人の個性であり、魅力であり、天与の武器なのです。


私は、生き方につまずいたときに、人生の指南書をよく読みました。

そこからさらに自分を救うため、数秘術にのめり込み、数秘術家になりました。そうして少しずつ人生を立て直した今、改めて思うのは、「自分の人生を救わなくていいとしたら何をしているだろう？」ということです。

そのとき私は指南書を読んだり数秘術を探求したりするだろうか。

しばらく考えて、こんなことをしているのではないか、というイメージが頭に浮かんできました。

・大自然の中で生き物たちと対話をしている
・美しい挿絵入りの物語を読んでいる
・遺跡を訪ねたり古典を読んだり、時間と空間を越えた対話をしている
・思いのままに文章を書いたり、イラストを描いたりしている
・ぼーっと空を眺めている

Qあなたは何をしていますか？

・

・

・　・　・

ここに書いたことはあなたの魅力であり、原点です。
これらを武器として、どのように使命に生かしていくか。
マンガ家の池田理代子さんの生き方から探ってみましょう。

「好き」と使命の神秘的な関係

不朽の名作マンガ『ベルサイユのばら』の作者である池田理代子さんがデビュー50周年を迎えた年、横浜で記念展が開催されました。そこへ足を運んだ私は、初公開の原画や資料、宝塚の舞台衣装など、豪華絢爛な展示物を前に高揚感でいっぱいになったことを覚えています。

その中で鮮明に印象に残ったのが、池田理代子さんのインタビュー動画でした。なぜなら、その動画によって、ずっと解き明かしたいと願っていた「好きと使命の神秘的な関係」がバーンと目の前に差し出されたからです。

大学進学を希望した池田先生は、女に学問は必要ないという時代の考え方もあり、親の反対に直面します。その反対を押し切っての進学だったため、学費や生活費を自分で稼がなくてはなりませんでした。

たくさんのアルバイトを経験し、自宅でできる仕事が向いていたためマンガが自然に残ったこと、その日の生活のためにマンガを描き続けたことを語っていました。

池田先生にとってマンガは、その時代を「生き延びるため」の手段だったのです。

★使命（生き延びるためにやったこと）＝マンガを描くこと

池田先生の人生が興味深いのは、ここからです。

40代に入り、体調を崩した池田先生は、人生でやり残したことを考えるようになります。そして、幼少期から憧れていた音楽の道に進むことを決めます。

池田先生が本当にやりたかったことは、音楽だったのです！

幼い頃からピアノを習い、高校ではブラスバンド部に入り、音大受験を目指したこともあったそうです。

その夢を叶えるため、輝かしいマンガ家としての仕事を休み、2年に及ぶ受験勉強の果てに東京音楽大学へ進学、親子ほど年の差のある同級生と一緒に声楽家への道のりを歩みはじめます。

池田先生は、その後どうなったのか。

50周年記念展の年に70歳を迎え、再びマンガを描かれていました。記念展で購入したオフィシャルブックには、このような記述があります。

池田「音楽は才能ないな。やっぱりこっち（マンガ）が天職だ」って。

Q 手ごたえが違う？

池田 手ごたえっていうかね、喜びが違う。

『池田理代子「ベルばら」とともにオフィシャルブック』より

音楽よりマンガが天職。

そうはいっても、音楽のない人生など考えられるでしょうか。

音楽は、池田先生を満たすエネルギーの源泉。その人を、その人たらしめているものです。

憧れや、「好き」であり、何の意図もなしに、自然にそばにあるものです。それは、この世で生きるために天が与えたお守りと同じです。

「これで自分を満たし、仲間を救う力としなさい」

そんな願いを包含《ほうがん》したもののように思えます。

★好き（武器）＝音楽

池田先生にとって、音楽は武器。

この武器を使って、マンガで使命を果たします。

例えば、池田先生のデビュー作は、バイオリンの才能がある主人公による音楽シーンではじまります。その後も、音楽家を目指す青年が主人公になったり、有名な『オルフェウスの窓』も、ドイツの音楽学校に通う三人の激動の人生を描いたものです。

池田先生は「本気の生き様」をどの作品でも描いています。

人々に求められているのは（使命）、この「自分にとっての真実を貫く生き様」なのではないでしょうか。まさに周囲の圧力を跳ね返し、自分を信じて突き進んだ池田先生ご自身の人生そのままだと思うのです。

武器と、使命。

それぞれの役割と、その神秘的な関係が伝える「自分らしさ」について考えてみてください。

それによって、自分という存在をより深く理解できるようになるはずです。

「好き」とともに生きる

苦い思い出なのですが、私は30代後半のときに、仕事を探しにハローワークへ行ったことがあります。しかし、合う仕事がとにかくありません。

「この求人に電話してみましょう」

担当者がやっと良さそうな会社にコンタクトを取ってくれたのですが、その様子を見ていたら「すみません」と謝っています。

「そんな人を紹介して、うちを馬鹿にするな」

どうやら相手の会社の方にそれに近いことを言われたようです。

私のような人間を紹介させてしまい申し訳ないと、身の縮む思いをしながら心の中で謝りました。


30代後半で厳しい職探し。

それなら、40代、50代で、子育て後に仕事復帰したい人はどうしているのだろう？

60代、70代で、まだまだ健康で働きたい人はどうしているのだろう？

人生１００年時代を充実して生きるためには、どのように仕事を探したらいいのだろう？

次々と仕事や生き方への不安が押し寄せてきたことを覚えています。

学校を出て、正社員で就職し、定年まで勤める。これが一番順当なやり方だったのかもしれません。でも、私はそれを望まなかったのです。そのような人間が生きていくにはどうしたらいいのでしょうか。

このハローワークでの衝撃の出来事から数年後、子どもを出産し、ますます従来の労働の場で必要とされなくなった私は、ブロガーとして収入を得るようになりました。

「好きを武器に」、「求められることを仕事に」したのです。

★好き……言葉（ブログ）

★求められること……「数秘術の技術や考え方」を使って、かつての自分のような「生まれた意味を知りたい、自分の使命を果たしたいと思っている人」を救済すること（第2章より）

好きは武器なので、ブログを書くだけでは仕事になりませんが、私のブログを読んだ方が共感してくださり、ブログを通じて数秘術のセッションや講座を求めてくださいました。

また、私の書いた本はすべて、ブログが窓口となって生まれたものです。

私のようなブロガーはもちろん、ユーチューバーやインスタグラマーも、好きを武器に収入を得ています。

若い人ばかりでなく、80代以上の方もたくさんいます。

好きもさまざまで、ファッション、料理、旅行、温泉、農業、かわいいペットなど、書き出したらきりがありません。
好きを武器にした仕事には、人生１００年時代を後押しするような特徴もあります。
それは、「いつでも、どこでも、いつまでも」できる仕事であるということです。
すべては自分次第！
さらに、あなたでも、私でも、「誰でも」できます。

もちろん本業になれば万々歳ですが、会社勤めの傍らの副業でも、ほかにアルバイトをしたとしても、好きを武器にした仕事が一つあると、俄然《がぜん》人生が生き生きとしてきます。
好きとともに生きることで、人は活気や豊かさを手に入れることができるのです。

１００年時代、年金問題、少子化問題、コロナ禍、さまざまなことが複雑になった今、子どもたちに「いい学校、いい会社、いい人生」という単純なロールモデルは伝えられません。でも、それに変わってどのような生き方を示したらいいのか、私は親としてずっと悩んできました。

その一つの答えが、「好きを武器」にする、「好きとともに生きる」だと最近になって確信するようになったのです。この答えは会社に入っても、自営業でも、変わらない大事なことのように思えます。

さらに、子どものロールモデルとして有効であり、人生100年時代を見据えた答えにもなると感じています。

だから、私は家庭をもつ主婦であり、子どものママでありながら、自分の喜びを大事にしています。好きなことをどんどんやろうと決めています。その姿を子どもに見せるのです。

自分の「好き」を大事にできれば、夫や子どもの「好き」も大事にできます。「好き」を追求できる人は、「好き」がその人の原点とつながっていると知っているので応援できるのです。

◆「好き」は、自分の世界そのもの。
◆「好き」は、喜びであり、自分の原点。

あなたにしかできない仕事を通して、好きとともに生きましょう。

使命を果たしていると「ご褒美」がくる

好きを武器にする。
その武器を使って使命を果たす。

それが、「好き」と「使命」の神秘的な関係でした。
この関係には、続きがあります。

ここでお話するのは、武器を使って使命を果たした先に何が起こるかです。結論から言いますと、「好きを仕事に」できるようになります。

使命を果たした「ご褒美」として。

〈好きと使命の神秘的な関係〉

①　好きを武器にする
②　その武器を使って使命を果たす
③　好きを仕事にできる

池田理代子さんを例にすれば、
①　音楽を武器にする
②　音楽を武器にマンガで使命を果たす
③　音楽を仕事にできる

池田先生は声楽家としてコンサートをされています。おそらく観客には、使命であるマンガのファンも多数含まれていることでしょう。

そして最近は、短歌の本も出版されています。若い頃から短歌を詠まれていたようです。マンガのファンである私は、その本を購入しました。池田先生の原点に少しでも触れられる喜びを感じたかったのです。

もし、あなたが「好きなことを仕事にできない」と感じているのなら、先に「求められること（使命）」を仕事にしてみましょう。

好きなことは、もともとあなたの中にあるので、失うことはありません。自分の「好き」を心に感じながら、「周囲の声」に耳を傾けてみるのです。あなたが人から求められることをやっていると、いつのまにか、好きを仕事にできる環境が出来上がってきます。これが「ご褒美」です。

ただし、あくまでご褒美なので、使命がおろそかになると、「好き」もしぼんでいく傾向があります。

著名な方の例だけではスケールが大きすぎるので、私のご褒美に関する体験もお話ししましょう。

ある日、私の開催する数秘術講座で、「使命を果たしているとご褒美がくる」というテーマで話をしたときです。

かつて、大好きなマンガを仕事にしようと悪戦苦闘したこと。ただ、自分を満たすことで頭がいっぱいで、「人から求められる」という視点がすっぽりと抜け落ちていたこと。今までの人生をよくよく観察すると、人からマンガを求められたことは一度もなかったこと。それどころか、やんわりとした拒否や冷たさに合っていたこと。

そんな自分の失敗事例を語りながら、「誰に求められているか」、「何を求められているか」、ということへ先に意識を向ける大切さをお伝えしていました。

同時に、今は数秘術に夢中で、絵はすっかり描かなくなってしまったことも話したときです。

「大丈夫！　求められることを先にやれば、必ず好きなこともできるようになるから」

受講生が突然発言をはじめたのです。

「先生、もう一度絵を描いてください」

「先生が個展をしたら、絶対見に行きます」

「きっとみんなも来てくれると思いますよ」

まだ古傷の癒えていなかった私は、とっさに言葉をにごしました。

「実は、絵は上手ではないのですよ。だから、仕事にできなかったので……」

するとみんなはさらにたたみかけます。

「下手でもいいじゃないですか。先生の描く絵が見たいんです」


それはまさに、今私が説明している「ご褒美」が訪れた瞬間でした。

使命を果たしていると「ご褒美」がやってきて、好きなことができるようになる。

「もう、絵を描いてもいいよ」

そんな許可がどこかからやってきたような気分でした。

もし、絵を描いて個展をしたら、見に来てくれるのは間違いなく数秘術でつながってくれた仲間たちです。

その後、私の絵が展示される機会があり、たまたまメールのやりとりをしていた一人の受講生に話したところ、見に来てくれたことがありました。

たった一人、私の絵を見に来てくれた。

このことがどれほどの喜びだったか。

マンガ家を目指していた頃は、私の絵が第三者の目に触れたことはありませんでした。

「他者に見てもらえる喜びは何と大きなものでしょう！」

私ははじめての感情に心震えました。

このことを考えると、好きは武器に過ぎない、重要なのは使命を果たす方だと伝えてきましたが、両者に優劣をつけることはできません。

使命を果たして、ご褒美を得て、本当に好きなことができる「生きる喜び」を存分に味わうこと。ここまでの循環が大事だと思うのです。

数秘術家を経て再び絵を描くようになって、さまざまな気づきもありました。

仕事にしようなどと思わず、自由気ままに描くようになると、白黒のマンガではなく、着彩したイラストを描くようになりました。私は、自分が「色」を愛していることを思い出しました。子どもの頃から自然が好きで、草の緑や空の青、鮮やかな花の赤や紫、黄色……美しい色に囲まれて育ったのです。

物語も好きですが、人が話す言葉（詩やエッセイ）に魅了されている自分も発見しました。

使命を果たしていると、「ご褒美」がやってきて、好きなことができるようになります。さらに使命を果たし続けると、ご褒美も大きくなり、好きを仕事にできるようになります！

〈生きる力の循環〉

①　好き……（自分の）生きる力の充実
②　使命……（他者に）生きる力を分かち合う
③　ご褒美……（自分に）
④　生きる力が還ってくる

「好き」からはじまり、生きる力が巡り満ちていくシンプルな命の循環です。命は過去と未来、人と人をつなげています。自分だけ満ちても、他人を満たすことばかりになっても、上手くいきません。
私たちは、大きなひとつの命なのです。

「好き」を仕事にできる人、できない人

世の中は、「好きなことでは食えないよ」という時代から様変わりしました。

私が学生の頃は、夢を見るのは子どものときだけ。少し成長すると、現実的になれと言われたものです。仕事に直面すると、好きなことをあきらめる人が多くいた時代でした。

その後、社会人になると、「好きを仕事に」というコンセプトの本が次々とベストセラーになり、ブームもあって、私もそれに挑戦しました。

ただ、成功した人がいる一方、私は失敗し、私の周囲にも、上手くいかなくて悩む人が現れました。

「好きを仕事にって難しい」

「親の言う通り、好きなことでは食えないのだろうか」

「好きを仕事にできた人との違いは何だろう」

私自身、そう考える日々を送りました。

そもそも私は、美しい挿絵のある物語や、絵で話の進むマンガが大好きでした。絵は喜びそのもので、絵が魅力的だとその物語は「好きなお話」になるほどでした。そんな私が、一番身近だったマンガ家に小学生の頃から憧れたのは、ごく自然な流れと言えます。

しかし、マンガ家になろうと行動を起こしても手ごたえがありません。好きを仕事にすれば道が開けるはずだったのに、なぜなのか。ほどなくして、心の奥深くから答えがやってきました。

「好きを仕事にする、ということの意味を勘違いしていたのでは？」

〈好きを仕事にできない人〉

そもそも「好きを仕事に」というフレーズが矛盾をはらんでいます。

好きというのは、「自分が」好きなわけで、「自分を」満たすものです。

それを使って「相手を」満たそうというのですから、「好き＝仕事」ととらえてしまうと何かがずれてきます。

仕事は相手のため。誰かを楽にしたり、救ったりするものです。「求められて提供し、感謝され、そこでやりがいを感じる」もののはずです。

しかし、私がやろうとしていたのは「自分を満たすものであなたも満たされなさいよ！　私にやりがいを与えなさいよ！」と相手に押しつけることだったのです。

なぜなら、その人が自分に何を求めているかなど、考えたこともなかったからです。

私の好きなことをあなたは受け入れなさい。あなたの声は必要ない。

そう言っているようなものです。すべて自分の中だけで完結。自分という牢獄の中で「好きなことをやるの！」と叫んでいたのです。

◆好きを仕事にできない人＝重心が、仕事より「好き」にある人

〈好きを仕事にできる人〉

好きと仕事。この両者の関係に、どう折り合いをつけていくか。

このことは長い間、人々の関心事であり続けました。私の10代～30代でも、次のような変遷があります。

・好きなことでは食えない

→以前

２０００年代

←以降

・好きを仕事にする

時代の雰囲気のままに「好きを仕事に」しようとしてできなかった私は、「好きを武器に」した方が、自分の経験とニュアンスが合う感じがしました。

←

・現在の私＝好きを武器にする

人々は憧れや痛みを感じながら、「好き」を人生でどのように扱うか悩んでいたのではないでしょうか。私もそうでしたが、多くの人がずっと、「好き」について考え続けているのです。それほどに私たちにとって「好き」とは、人生から切り離せない大事なものなのだと改めて思います。

「好きを仕事に」

これで上手くいった人は、好きなことを「他者の求める形」にして提供できた人です。

相手の存在を認識し、声を聞き、喜んでもらいたいという気持ちが真っ先にきているのです。さらにその気持ちを、自然に、自分の「好き」を生かした形にできる人なのです。

◆好きを仕事にできる人＝重心が、好きより「仕事」にある人

〈相手の声を聞ける人になるには〉

今振り返ると、マンガ家になろうとしていた時代がとても不思議です。

なぜ、あれほど周囲の声に耳を閉じていたのか。

なぜ、あれほど自我で凝り固まっていたのか。

当時は気づけなかったのですが、実はたくさんの声が私に届いていたのです。

私が数秘術と並んで他者から求められていたのは「言葉」でした。かつて、ボラン

ティア団体に勤めていた頃、講演活動に呼ばれた他のスタッフから、私の書いた文章を講演で使いたいと相談されました。

海外で書店員として働いていた頃は、フリーペーパーに記事を書いてほしいと言われたり、現地の邦字新聞の依頼で書評を書いたりしていました。

「私を必要としてくれた人がこんなにいたんだ！」

ふと振り返ったとき、その方々の顔が思い浮かび、まったく感謝も関心すらも寄せていなかったことに愕然とします。当時は「取るに足らないこと」だと思っていたようです。

当時の私にとって大事なのは、内から湧きあがる夢や憧れであり、頼まれごとなどたいしたことではないと思い違いをしていたのです。

「自分の喜びのため」に絵を楽しみながら、「他者の喜びのため」に数秘術の技術や考え方を言葉で伝える。それが、私にとって一番自然な形なのかもしれません。

そうして書かれた文章は、私が心からしたいと思っていることが反映しているはずです。

・大自然の中で生き物たちと対話をしている
・美しい挿絵入りの物語を読んでいる
・遺跡を訪ねたり古典を読んだり、時間と空間を越えた対話をしている
・思いのままに文章を書いたり、イラストを描いたりしている。
・ぼーっと空を眺めている

この5つの項目は、第1項の「自分の人生を救わなくていいとしたら何をしているだろう?」という質問で回答した内容です。

直接的にはわからなくても、こんなことをしている人が書いたのだろうな、と思わせるようなニュアンスが、じわっと伝わるような文章になるでしょう。

「好きを仕事に」しようとして上手くいかなかった人は、次のように分けて考えてみてください。

★好きを武器に
★他者に求められることを仕事に

「好きを仕事に」とは、最初から「好きを武器に仕事をする」の略だったのかと今さらながらに思えてきます。私は短絡的に「好き＝仕事」と受け取ってしまったけれど、この二つの解釈はまったく違うものです。

・好きを武器に（自分を満たす）仕事をする（他者を満たす）
・好き（自分を満たす）＝仕事（自分を満たす）※他者には無関心

好きを仕事にできる人は、他者に関心をもち、他者の声に耳を傾けられる人です。心がエネルギーで満たされ、充実すると、そのエネルギーはあふれて他者に向かいます。自分が充実してはじめて、意識は外に開かれ、それに伴って聴覚も開かれていくのです。そうなると、自然に自我は静まり、他者の声は、より本質的に聞き取れるようになります。

私が他者に関心がなかったのは、心のエネルギーが欠乏していたからです。自分を満たすことで精いっぱい。それでも満たされず、心の中は、不信と不安でドロドロとしている。この欠乏がある限り、他者の声に耳を傾ける余裕は生まれません。

第5章では、いかにして欠乏と向き合い、「求められることを聞く力」を育てていくかに焦点を当てていきます。

第5章

「使命の仕事」は人から届けられる

Someone brings your mission

真の自己とは、自身の外にあるものです。（中略）自分の内部に探すのではなくて、課題は外なる生がもたらしてくれる。外からこちらに近づいてくる。

ミヒャエル・エンデ

子安美知子『エンデと語る』（朝日新聞社）より

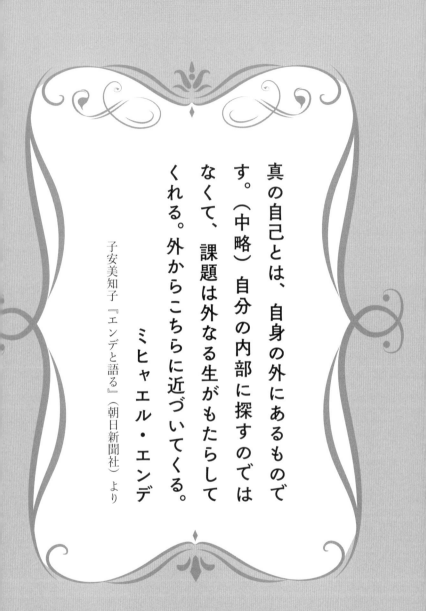

求められることを聞く力

人の声に耳を傾けられる達人を知っています。

といっても、物語の中の登場人物なのですが。

その達人の名はモモ。ミヒャエル・エンデの著作『モモ』の主人公です。

自分の確かな年齢もわからない小さな女の子モモには、物語のはじまりからはっとするような才能があることに気づかされます。

その才能は、「相手の話を聞くこと」でした。モモの聞き方は独特で不思議な感じすらするのです。

どのような聞き方なのか、モモから引用してみましょう。

「モモに話を聞いてもらっていると、ばかな人にもきゅうにまともな考えがうかんできます。モモがそういう考えを引き出すようなことを言ったり質問したりした、というわけではないのです。彼女はただじっとすわって、注意ぶかく聞いているだけです。その大きな黒い目は、相手をじっと見つめています。すると相手には、じぶんのどこにそんなものがひそんでいたかとおどろくような考えが、すうっとうかびあがってく

るのです」（ミヒャエル・エンデ『モモ』岩波書店）

モモはひたすら聞き入るだけです。相手の言うことに賛成も反対もありません。相手の発する言葉を、そのまま、まるごと受け入れているような感覚です。注意深く聞いてはいますが、意識的な、快不快や賛成反対といった、「判断」はありません。

こちらの意識も相手の意識も同時に外れ、無意識という大きな海で一体化しているようにも感じられます。モモと一体化した時点で相談する側も判断から自由になっているのです。

実際にエンデはこの場面について、子安美知子著『「モモ」を読む』の中で次のようなことを語っています。

「モモが身につけていたような、ひとの話に聞き入る力、その秘密は、自分をまったくからにすることにあります」

人の話を聞くときには自分をからにする。モモの聞き方は、私のやり方とは真逆でした。頭の中は常に自分の考えでぎゅうぎゅうの状態。人の話は、逐一判断を入れて聞いていたのです。声にこそ出しませんでしたが、「それは同感！　それは違う！」という具合に。

かつて占い好きの私に「占いを仕事にしたら」という言葉をかけてくれた友人がいました。そのときも心の中で即座に拒否したのを覚えています。

数年を経て、「判断」が消え、心がまったくからになったとき、どこからともなく、この友人の言葉がすうっとよみがえってきたのです。それが、数秘術の道へ進む最初のきっかけになりました。

聞き方が悪いと、使命からは遠ざかってしまいます。

使命は人から求められること。

使命を告げてくれるのは、あなたの周りにいる人たちなのです。

全世界が秘密を打ち明ける聞き方

求められることを聞く力、これを鍛えると、生き方がラクになります。なぜなら、自分を忘れることができるからです。自分のことばかり考えている時間は苦しいもの。人はたいてい次のようなことを考えています。

・うまくいくだろうか
・恥をかかないだろうか
・認められるだろうか
・私にはこれしかない
・これを失ったら終わりだ

自分のことで悩んでいる人は恐怖と不安に苛まれています。もしあなたがそのような状態なら、今すぐ自分のことなど忘れましょう。
そして、耳を澄ますのです。モモのように、賛成も反対もなく、自分をまったくからにして。

私の場合、友人の言葉を受け入れ、数秘術を仕事にしてからは、あらゆることがうまくいくようになりました。

しかも、がんばったという気がしないのです。

緊張感いっぱいに必死の形相で取り組んでいたマンガとの落差に驚きます。

こっちから売り込まなくても、相手が求めてくれるので、さまざまなプレッシャーからも解放されました。

一人が求めてくるということは、その背後に無限の求める人がいるということ。一度求められる流れに入ると、こちらがすることは耳を傾けることだけ。相手の声に聞き入るだけです。

「数秘術のセッションをしてください」

「はい！」

「数秘術を教えてください」

「はい！」

「数秘術と生き方で本を書いてください」

「はい！」

「はい！」「はい！」「はい！」
これだけです。

振り返れば、今までも、求められたことをやった方がうまくいっています。私がたずさわったＮＧＯの仕事も、書店への就職も、数秘術も、「人」からもたらされたもの。そのすべてが、想像以上の豊かさを与えてくれました。

◆農業を主体としたＮＧＯでの仕事

・やりたかったのは農業なのに……
　←
・海外研修生への日本語教育を求められた
　←
・海外での仕事への道が開かれるという豊かさを得た

◆書店への就職

・やりたかったのは事務職なのに……

←

・友人が書店員の求人をもってきた

←

・マンガ家、作家、編集者との交流が生まれ、本を書く仕事への興味が生まれるという豊かさを得た

◆数秘術

・やりたかったのはマンガなのに……

←

・占いの仕事を勧められた

←

・数秘術の仕事がどんどん広がるという豊かさを得た

◆あなたにも求められて豊かさを得たものはありますか？

・やりたかったのは（　　　　　　　　　　）なのに……

・（　　　　　）を求められた
　　↓

・（　　　　　）という豊かさを得た
　　↓

あなたに使命を告げるのは、周りにいる人たちです。だから、周りの人たちが自分に「打ち明けやすい」環境を整えておくことが大事です。

相手が拒否ばかりする人だったら、何も伝えたくなくなりますよね。でも、モモのような聞き方、自分をからにしてじっと耳を傾ける聞き方だったら、相手は話しやすいのではないでしょうか。

『モモ』を読み進めると、モモが耳を傾けるのは人だけではないことに気づきます。

その相手は森羅万象。命あるものはもちろん、雨や風にも同じように耳を傾けているのです。

圧巻なのは、古い劇場で、星空の声に聞き入っている場面です。モモには星の声がしっかりと届いているのでした。

森羅万象の語りかけは、モモの内なる声として「すうっとうかびあがる」ように聞こえてくるのでしょう。

私たちも、自分をからにしてじっと耳を傾ければ、無意識のつながりでしか聞けないような「大事な語りかけ」に気づけるかもしれません。

稀に、自分にとって大事なことを、ほんの些細なことから手に入れたりする人がいますが、このような人はモモのように、森羅万象に聞き入っている人なのだと思います。

聞くのが辛いなら「遊び」が先

「周りの声に耳を傾けましょう！」

この言葉を聞いて、すんなり受け入れられない人もいるかと思います。もし周りを気にして生きてきたのなら、うんざりするかもしれませんね。そのような反応は、内なるエネルギーが「欠乏」している証拠。この状態で、ムリに人の求めに応じても消耗するだけです。自分ばかり犠牲になっている、と再び「自分のことばかり」考える不安のループにはまってしまいます。こうなると、耳はパタッと閉じてしまい、外界との絆は絶たれてしまうでしょう。

そのようなときにどうすればいいか。

それは、遊びに没頭すること！　好きなことをして「遊ぶ」ことです。私なら、こんなことで遊びます。

・大自然の中で生き物たちと対話をする

・美しい挿絵入りの物語を読む
・遺跡を訪ねたり古典を読んだり、時間と空間を越えた対話をする
・思いのままに文章を書いたりイラストを描いたりする
・ぼーっと空を眺める

あなたにも、第4章で書き出したものがありますね。間違ってもそれらを仕事にしようなどと考えず、「遊ぶ」のです！　気ままに、自由に、それらを楽しんでください。思う存分に遊んで、心にエネルギーを充電し、あふれるほどに満たされたとき、あなたは再び、外に向かって開きはじめます。閉じた耳も外界に向かって開かれていきます。聞こえてくる声におびえるあなたはもういません。

第3章で学んだ、数秘術のサイクルの中にも、聞く力をつける秘訣が織り込まれているではありませんか。

〈9年サイクルの構造〉をもう一度見てみましょう。

〈9年サイクルの構造〉

個人年1　はじめる

個人年2　個性を育てる

個人年3　自分を表現する

個人年4　形にする

個人年5　自分がやりたいことをやる

個人年6　人に求められることをやる

個人年7　自分の本質に向かう

個人年8　はじめたことの収穫へ

個人年9　破壊と創造、次なるサイクルの1へこのサイクルの５、６を見てください。
個人年５　「自分が」やりたいことをやる
個人年６　「人に」求められることをやる

数秘術のサイクルでは、５の年に「自分が」本当にやりたかったことをやってはじめて、６の年に「人に」求められることをやるというテーマが許される構造です。

５という数字は、数秘術では、自由、冒険とともに、プロセスを楽しむという意味合いがあります。数秘６は、人を救う数で、責任が伴います。

楽しむステージを経た人に、責任は付与されるのです。


ここまで書いて、少し疲れました。

私は部屋の窓を開けます。今日は晴天で雲がところどころに浮かんでいます。ぼんやりと空の涼しげな青を眺めていると、心が静まります。

そう、私は空をぼーっと眺めるのが大好きなのです！

心が穏やかになると、次第に五感が目覚めてきます。

視覚、聴覚、触覚、嗅覚、味覚。頭が考えでいっぱいのときには感じられないかすかな音、におい、座っている椅子の感触。

感性を開いて世界を知覚する流れに入れたときに、周りの声は聞こえはじめます。

まずは、好きなことで遊ぶこと。自分本位になる時間を許すこと。その先に、求める声を受け入れられる自分がいます。

周りの声に耳を傾けることができれば、あなたがいかに望まれているか、必要とされているかが実感できるでしょう。同時に、求めてくれる人に自分が「生かされている」ことにも気づけるようになります。

ですから、今すぐ、あなたの中に潜む欠乏の退治に乗り出してください。

欠乏を作りだす親の否定

「私は足りていない」という欠乏感。

これはどこからやってくるのでしょう。

私は数秘術家として10年の活動歴がありますが、一貫して数秘術を「不安から安心へ導くもの」として活用してきました。数秘術を通じて多くの人と接した結果、欠乏は不安な心が作りだしていると思うようになったからです。

そのような経緯から、不安に関しての分析や対処法には特に真剣に取り組んできました。これは数秘術家として活動するうちに自然にそうなったのですが、今思うと自分を救うためだったのかな、と思います。

実は、私自身も長い間欠乏感に悩まされてきました。自分を救うことから数秘術との関わりもはじまっているのです。

欠乏感がやっかいなのは、仕事のチャンス、結婚、出産など人生における大きなライフイベントのときに、発作的に現れて大事な決断を狂わすことです。日常においても、プラスの方向に人生が動こうとするときにブレーキをかけてきます。せっかく周りから求められても、

「あなたはまだ足りていない」

と不安を煽る言葉をささやいて、受け入れる自信を砕こうとします。

この不安なささやきは、あなたの声のようで本当はそうではありません。誰かの子どもであるあなたなら、多くの場合、母親の声です。

欠乏は不安から生まれ、不安は「親の否定」から生まれてきます。

〈否定①　親の期待〉

親が子どもに期待をするのは当たり前。期待は愛なのだから……。そのような信念をもっていたら、それは子どもに否定を植え付ける一歩です。

期待には、期待する側が思い描くものが先にあって、その通りになってほしいという願望があります。

もし子どもがその通りでなければどうなるのでしょう。それは否定される生き方なのでしょうか。

期待と絶望は表裏一体です。絶望へ転んだときに愛を失うのなら、それは愛ではありません。

ここだけ考えてみても、期待と愛は、まったく別物であることがわかります。

私は以前、大学のキャリアセンターで就職支援の仕事をしていたことがあります。そこで一人の女子学生に出会いました。

就職活動がうまくいかず、思い詰めた顔をしています。両親と兄が銀行員なので、銀行に就職して親を安心させたいということでした。

一見親孝行な模範的な学生に見えますが、彼女の表情はいつも不機嫌、とても辛そうなのです。しかも、相談に来るのに、こちらの助言には一切耳を貸しません。

そこで彼女をリラックスさせるために世間話のような雰囲気で子どもの頃の話題を振りました。

「小学生の頃の夢は何ですか？」

この問いかけで、彼女ははじめて私と目を合わせました。

「幼稚園の先生です」

答えた後に、にっこりと笑いました。

素直でかわいらしい笑顔でした。

「幼稚園の先生が夢だったのに、銀行員を目指すのですか？」

彼女はしまった！　という顔をして私から視線を外しました。先ほどの笑顔は消え、気難しい表情に戻りました。

「それは小さな頃の夢です。現実的ではありませんから！」


現実的ではありませんから！


それは本当に彼女の言葉なのでしょうか。

それとも彼女の親の言葉なのでしょうか。

幼稚園の先生になるべきだとは言いません。しかし、子どもの頃にその夢をもったということは、それに相応した資質があるからです。

子どもが好きだったり、教えるのが好きだったり、教育の場が好きだったり、先生に救われた思い出があるのかもしれません。

銀行員にならなければ、親の愛を受けられない。そう考えているのなら、就職活動はうまくいかないでしょう。不安から出た願いは実りません。

子どもは一生懸命、親の期待に応えようとします。そして、その間中ずっと、愛を失わないか不安に苛まれ続けています。

〈否定②　親の欲〉

これも就職支援で出会った学生の話です。就職活動への意欲がわかず、ずるずる留年をして、今年もまた何もせずに留年かという法学部の男子学生。

席に座ったその表情を見ただけで、自分を見失っていることがわかりました。魂が抜けたような顔をしていたのです。

「法学部。法律に興味があるんですね」

「法律に興味？　……いいえ」

「学生生活はどうでしたか？　勉強できましたか？」

「……いいえ。ほとんど勉強しませんでした」

「なぜ法学部に入ったの？」

「どこでもつぶしがきくし、将来役に立つかな、と思って」

つぶしがきくだろう、就職に有利だ、プライドが満足しそうだ、などと欲を基準に将来を選択した結果、就職活動という「あなたは何者か」を問われる場面に来て、フリーズ状態に陥る学生が何人もいます。

自分の資質や興味を無駄なものとして葬ったのですから、「何者か」にもう一度目覚めるまでは動けない日々を送ることになります。

欲はその背後に不安を隠しています。

そのままの自分ではダメだという不安です。

人は、その不安を打ち消すため、「欲」を基準に進むべき道を選択しますが、うまくはいきません。そもそも不安を作りだした「そのままの自分ではダメ」という前提が正しくないからです。

しかし、心が安心感で満たされていればどうでしょう。

不安がなければ、人は喜びから生き方を選択することができます。

私は学生に質問を続けました。

「本当にやりたいことは何ですか？」

「うーん、やりたいこと……、わかりません」

「子どもの頃の夢は何ですか？」

「……忘れました」

「好きな食べ物は？」

「……さぁ、何だろう？」

そこまでやりとりすると、呆けた顔をしていた彼が、さっと顔を上げました。

「僕、何で自分のことが全然わからないのでしょう」

私は、彼が子どもの頃に好きだったことや夢中になっていたことを親に聞いてくるよう宿題を出しました。すると次の日、別人かと思うほど輝いた目で彼がやってきたのです。

「親に聞いてきました。僕は歴史が好きだったんです。世界遺産の本を親にねだっていました。そうだったんです！　博物館に勤めたいと思っていました」

世界遺産に憧れる歴史好きの少年が、「つぶしがきくだろう」という欲にそそのかされて法律を選ぶ。就職活動ができなくなったのは、おそらく軌道修正のためです。辛かったと思いますが、自分を思い出すためだったのでしょうね。

ところで、そのままの彼にダメだしをしたのは、本当に彼自身でしょうか。

「そのままのあなたではダメ」

このような否定メッセージを浴びせ続けたのは親です。その結果、好きな食べ物すらわからなくなってしまったのです。親が子どもの思いを尊重し、応援していれば、子どもが自分を捨てるわけがありません。

その後の相談では、母親の求めと彼の考えとの調整のため、父親に間に入ってもらうことになりました。

不思議と不安はなく、むしろ彼の表情には高揚感がありました。生きる力を取り戻し、勢いよく蘇生をはじめた彼は、本当の自立に向かって歩みはじめたようでした。

〈否定③　親の夢〉

息子が幼い頃、一緒に近所のショッピングセンターを歩いていました。そこには室内レジャーランドがあり、よく二人で通っていたのです。

いつものようにレジャーランドへ向かっていると、とある楽器店の前で息子は足を止めました。

店の入り口には、白や黒、木目調など、個性のある電子ピアノが所狭しと並んでいます。

「ママ、来て！」

息子は一気に駆け寄ると叫びました。

その瞳はキラキラと輝いて、すっかり魅せられています。

私は息子に近づこうとしましたが、両足が動きません。地べたに張り付いたように、身動きがとれないのです。すると、波のような恐怖が襲ってきました。

私にとって、子ども時代の一番の苦痛は、ピアノの習い事でした。

当時は親の間でピアノを習わせるのが流行っていたようです。私のように、本人の意志ではなかった子どもが多くいた時代でした。

今でもよく覚えているのは、母親の監視の元、ピアノを練習する自分の姿です。間違えると手をピシャッと叩かれました。

「また同じ間違いをする！」

私は反抗しました。

「もうやめる。ピアノなんて好きじゃない。そんなにやりたいなら自分がやればいいじゃない！」

もうやめる。その言葉を聞くと、母はぴゅうっと立ち去りました。聞きたくなかったのでしょう。

ピアノのレッスンに行く日は地獄で、鞄を持って家を出たものの教室に足が向かず、行く当てもなく彷徨う日もありました。レッスンの時間が終わるまで、ずっと彷徨い、その間中、自分を責めたり、涙ぐんだり、本当に惨めでした。その後も嫌々ピアノを続け、やめる許可が下りたのは中学生になってからでした。

そのためか、ピアノを見ると、なんとも言えない複雑な想いにかられるのです。

防衛本能でしょうか、楽器店の前を通るときは、息を殺して素通りしていました。

それに気づいたのが、息子に「ママ、来て！」と言われて棒立ちになった瞬間でした。

そばに行こうと思っても足は動かない。恐怖でいっぱいになる。

一人で混乱しながら息子に目をやると、すでにお気に入りの電子ピアノの前で鍵盤を叩いています。

「ママ、早く！」

言葉が早かった息子は、私を呼びながら楽しげに音を鳴らしています。

私は、恐る恐る楽器店に近づいて行きました。一歩一歩。大丈夫。入り口をくぐり、息子のそばに来ました。大丈夫。

息子の肩を抱きながら、右手を鍵盤に置き、「咲いた咲いた」のメロディを弾きました。あまりに美しい音色に、なぜか心がいっぱいになりました。

息子はニコニコしながら鍵盤を叩き、私を見つめてきます。

「ありがとう」

「ごめんなさい」

自然に、この二つの言葉があふれてきました。

息子へ、ありがとう。

ピアノへ、ごめんなさい。

「ピアノは何も悪くなかったね。きらって、ごめんね」


心の中の黒いものが、身体から流れ出たような感覚がありました。

不思議なことに、その日からレジャーランドへ遊びに行くたびに楽器店に立ち寄ることになりました。

さらに不思議なことに、ピアノへのわだかまりが解け、楽器店に何の恐怖も抱かず入れるようになった頃、息子の電子ピアノへの関心は薄れ、立ち寄ることはなくなりました。

私の悲しみに気づいた息子が、癒やしてくれたようでした。

私は、ピアノを習うよう指示した母を想いました。

母は「自信をつけてほしくて」ピアノを習わせたと言っています。

自信をもつことが母の祈りだとしたら、背景にある悲しみは、自信をもてなかったことなのかもしれません。

だから、私に自信を与えようとした。まだ若くて不器用な愛だったから、子どもの私には充分伝わらなかったのですね。

「お母さん、ありがとう」
「お母さん、ごめんなさい」
「お母さんに、生かされています」

自然に母への感謝が生まれたとき、身体の芯がポカポカと温かくなったようでした。冷たい倉庫に置かれ続けた種が、はじめて陽の暖かさに触れたような心地よさです。

「絶対的な敵」だと思っていた相手は、「悲しみを湛《たた》えた味方」でした。

その日から、私の聴覚は外に向かいはじめました。親との関係は、そのまま周囲との関係に影響を与えます。「敵」と認識していた周りの声は、「味方」に変換され、閉じていた耳が開いたのです。

親との愛の回路を開く

親に受け入れられずに欠乏を抱える人が多くいます。親になってから、欠乏による苦しみに直面する人もいます。例えば、育児中に、自分の子ども時代の辛い出来事がフラッシュバックしたり、親への憎しみがわいたり。子どもと接するのが辛くなる人もいます。受け入れてくれなかった親に代わって、子に自分を受け入れさせようとしてしまうのかもしれません。

親子関係は愛の原点なので、欠乏が深いとあらゆる人間関係に問題が生じます。

◆親を「絶対的な敵」と認識した子どもは、世界中が敵です。
◆親を「絶対的な味方」と認識した子どもは、世界中が味方です。

だから、親を「敵」と認識した子どもは、周りの声を「攻撃」と受け取り、耳を塞ぎます。

だから、親を「味方」と認識した子どもは、周りの声を「愛」と受け取り、耳を傾けることができます。

親によっては激しい虐待など、絶縁した方がいい場合もありますが、そこまでないのなら、親と自分の間にある深みへ分け入ることも選択肢の一つになるでしょう。あなたが「私は何をするために生まれたのか」を心から知りたいと願うなら、親を味方と認識し、〈聞く力〉を伸ばしていくことが近道だからです。

それにはどうしたらいいのでしょう。

「親に支配されていた」「親に関心をもたれなかった」など、愛されなかった記憶に苛まれている人は、このまま親を「絶対的な敵」にして生き続けるしかありません。

しかし、すべては自分の人生に跳ね返ってきます。親が未熟であっても、私たちは自分の力で「人間的な成熟」を目指すことができるのです！

人間的な成熟を目指す一つの方法としておすすめするのは、親の「祈り」と「悲しみ」を知ることです。

◆祈りとは、親が子へ託した切なる願いです。

◆悲しみとは、切なる願いが生まれた背景です。

欠乏を抱く子の親には、背景に悲しいドラマがあります。そのリベンジを子に託してしまうのです。しかし、悲しみから生まれた願いは、新たな悲しみを作りだすだけ。こうして、子や孫へ悲しみの連鎖が生じていきます。

断ち切るのには、成熟した人間による客観的理解が必要です。

なぜ厳しかったのか、無関心だったのか、ひどい言葉や態度で傷つけたのか、それを「祈り」と「悲しみ」を通じて客観的に理解する。そうして、責めるだけだった心が変わり、「受け入れる」という成熟のステージに入ることができます。

客観的な理解が進めば、悲しみが引き起こした欠乏を自分の手で癒やし、愛されていたことを自覚できるようになるでしょう。

興味深いのは、親が子に、祈りのような願いを託したとき、子がそれを敏感に察知して親の悲しみを癒やそうとするところです。

あなたがもし、親に反発をしているのなら、それを通じて親に気づきを与え、癒やそうとしているのでしょう。

こんな不思議な話もあります。

数秘術講座で、この「祈り」と「悲しみ」の話をしていたときです。

一人の受講生が確かにそうだと発言を求めました。

「私は看護師ですが、実は母も看護師を目指していました。結婚で道半ばとなったので、実際に働くことはなかったのですが。でも私は、そのことを知らずに看護師になりました」

その受講生の母親は、看護学生の頃に父親と知り合って結婚したため、看護師の道はあきらめることになりました。ただ、心の中では、看護師になって働きたかったと思っていたそうです。学校に通っていたのですから、家に入る決断をするまでいろいろな想いがあったでしょう。

その後、子どもにはその経緯を伝えていなかったのに、その子は、母の夢を叶えるように看護師として働くようになったのです。


子は親の悲しみを敏感に察知し、癒やそうとします。

なぜかというと、悲しみは、子と親との愛の回路を塞ぐ障害物だからです。悲しみを取り除くことで、回路が開かれ、親からの愛のエネルギーが子へ注がれるようになります。子はそれを深いところで知っているので、少しでも愛の流れを良くするために親の悲しみを取り除こうとするのです。

自分が何者かを知るためには、「自分を満たすこと」に心を砕くことが大事です。

あなたとご両親の愛の回路が開かれているか、次の質問に答えてみましょう。

・父母があなたに託した「祈り」は何ですか？

父（　　　　　　　　　　　　　　　　　）
母（　　　　　　　　　　　　　　　　　）

・その祈りの背景にある「悲しみ」は何ですか？

父（　　　　　　　　　　　　　　　　　）
母（　　　　　　　　　　　　　　　　　）

・父母に「ありがとう」と言えますか？

父　□はい　□いいえ
母　□はい　□いいえ

親と仲良くしろと言っているのではありません。客観的に理解する。これだけでも欠乏はかなり改善されるはずです。

受け入れるために存在している

「私たちには、多くの選択などないのかもしれない。
それぞれの人間が、
行き着くべきところに、
ただ行き着くだけである」
星野道夫『花の宇宙』（ＰＨＰ研究所）

星野道夫著『花の宇宙』にあるこの文章をゆっくり、3回、4回、5回と読み返してみました。
なんの判断もせず、ひたすら、繰り返し文字を追います。文章と一体になったような感覚がして、突然、秘密は打ち明けられました。

「意志がすべてなんだ」

この文章の本質が、私にそう思わせてくれたのです。

一回目に読んだときは、人は森羅万象に支配されるだけの存在で、意志など無意味であるかのように感じられた文章が、繰り返し読むと、真逆に聞こえてきました。自分たちも森羅万象の一部であると。

ということは、人が行き着く先を決める森羅万象に、それぞれの人の意志も参加している。

つまりは、意志がすべてなのではないか。そう思ったのです。

あなたは、「使命を知りたい」と思って本書を手に取ってくれました。

そして、使命は、「周りから求められること」だと理解しました。

それには、周りの声に耳を傾ける必要があること。その力を伸ばすには、欠乏を解消し、閉じた心を外に向かって開いていくこと。これらが大事であると学びました。

あなたが「使命を知りたい」という意志を表さなければ、今までの日常の延長にある「行き着くべきところ」に行くはずでした。何もしないのも意志ですからね。

でもあなたは「使命を知りたい」という強い意志をもち、本書を手に取り、ここまで読み進めてきたのです。

私たちは森羅万象の一部でありながら、自らの強い意志が牽引役となり、これからの「行き着くべきところ」を定めていくのです。

今まで「周囲は敵」だった人もいるかもしれません。周囲が敵なら、人間関係は、勝つか負けるか、上か下か、そんなことに汲々《きゅうきゅう》とするしかありません。周囲と戦い、自分と戦い、孤独だった人もいるでしょう。

それでも「使命を知りたい」という意志を掲げたのならば、周囲を受け入れるという必然の流れに入ったということです。

〈自分を受け入れる〉

孤独だった私が数秘術と出会ったのも「受け入れるため」でした。

それまでは好きなことをガマンして、自分らしくない生き方をしていました。ワーカホリックにもなりました。一人で頑張ろうともしました。

でも今は、自分を受け入れています。

子どもとの時間を大切にしたい、雇われずに働きたい、使命の仕事をしたい、すべて叶いました。受け入れる意志をもったから、叶いました。


〈**周りを受け入れる**〉

自分を受け入れる段階にいるときは、「受け入れる」だけで精いっぱいです。自らを遊ばせたり、愉しませたりして、本心に耳を傾けましょう。

ときに周囲との軋轢もあります。自分らしくなれる時間は、まだまだ孤独です。なぜなら周囲の期待や世間の理想から離れ、自分を取り戻す必要があるからです。

でも、自分らしい時間を過ごして満たされると、周囲の声を聞けるようになります。相手の自分らしさも尊重したい、そう思えるようになるからです。そうなれば、孤独は終わりです。

〈**現実を受け入れる**〉
ライフ・タイムラインには、自分にとって良いことも悪いことも、存在しています。

良い出来事はそのままあなたの魅力になります。生き延びる危機とも言える悪い出来事（ドン底）は、使命を生み出す源になります。人生には少しの無駄もありません。
流れをまとめると次のようになります。

〈人生は受け入れる旅〉

① 欠乏の時代（苦の時代）
【孤独】＝自分との戦い／周囲との戦い
↓
② 自分らしさを受け入れる時代（喜びの時代）
【まだ孤独】＝自分との和解／周囲との戦い
↓
③ 周囲を受け入れる時代（感謝の時代）
【愛】＝自分との和解／周囲との和解

使命を生きる人生は、自分にも周囲にも関心をもち、受け入れて、受け入れて、受け入れていく旅です。

私たちは、受け入れるために存在しているのかもしれません。

おわりに　使命を生きる

本書を書こうと思ったきっかけは、林真理子さんと勝間和代さんの対談を偶然読んだことでした。

勝間さんは、『AERA dot.「勝間和代「政府はそこまで頑張ってない」少子化の一番の問題点とは？』という対談の中で、

「少子化の一番の問題は、子どもを育てるお母さんにお金とか時間が足りないことなんですよ」

と言われていて、私はその言葉に打ちのめされたのです。

「その通りですよ！」

と思わず私は一人で叫んでしまいました。

続けて対談では、

「1時間当たりたくさんお金を儲けられる社会は、長時間労働をしなくてすむので、子どもがたくさん生まれるんです」

と話されていました。

大事なお話なので抜き出しますと、
◆お母さんにお金と時間が足りない！
◆一時間当たりたくさんお金を儲けられる社会は子どもがたくさん生まれる！

「なんか、涙がでそう」

そう思ったのは、私自身がハローワークに仕事を求めても合う仕事がなく、役立たずの烙印を押された気分になりながら、すごすごと家路についた体験があったからです。（この出来事については4章で触れました）

対談は、さらに私の胸をえぐりました。

勝間さんが、

「たとえば日本の会社って、子どもを持って働いた瞬間に、ほぼ出世はアウトですよ。あの仕組みはどうしようもないんです」

と語り、それに対して林真理子さんが、

「はい……」とだけお返事をされていたのです。


そんなこと、わかっています。

学校で男女平等と習おうが、社会で女性活躍と言われようが、現実は違う。わかっています。わかってはいるけれど「はい……」なのかと。

思い切りガクッとうなだれ、しばらく動けないでいました。

すると、心の中にポッと火が灯り、どこからともなく、こんな強いメッセージが自分の中から生まれてきたのです。

「だから、子どもをもつママこそ、その人にしかできない仕事に就くべきだ」

それは、私が無意識にずっと考えていたことでした。

ママこそ、他人の土俵ではなく、自分の土俵をもつべきだ。

ママこそ、仕事を求めたときに手っ取り早く求人票を手にしてはいけない。回り道に見えるかもしれないけれど、その時こそ、「私は何をするために生まれたのか」を真剣に探求して、自分にしかできない仕事を手に入れるべきだと強く思ったのです。

同時に、これはママだけの問題ではないことにも気づきました。自分に合う仕事がないと感じている人は多くいます。同じ欠乏感は、ママに限らず、さまざまな立場の人の心の中にあります。そんな共通項のある人なら、20代、30代でも、男女を問わず、本書がお役に立てると思います。

私の命は誰のために、何のために使うのか、自分の「使命」を探求する時間をぜひもってほしい。その願いから本書は生まれました。

忙しい人でもパッとわかるように、使命の仕組みだけでなく、自分に当てはめて使命を導きだせるような工夫もしています。

自分にしかできない仕事は、ちゃんと人生の中に刻み込まれていますので、ライフ・タイムラインを使って検証できるようにしました。

あなたは、使命に関してどのようなことを感じ取れたでしょうか。

この「おわりに」を書いているとき、平行して数秘術の個人レッスンをしていたのですが、その受講生が数秘術に出会ったきっかけを教えてくれました。その話は、タイムリーなことに、「やはりこの本を必要としている人がいる」と確信できる内容でした。

受講生はこんな話をしてくれました。

ハローワークに行っても合う仕事がなかったこと。できる仕事が自分には何もないと感じたこと。同時に専門職の人をうらやましいと思ったこと。

でも、自分が求めているのは、正社員という安定ではないことにも気づいたそうです。

「得意分野（価値）がほしい！」

その思いが数秘術につながりました。

数秘術は自分を知るためのすばらしい手段です。

でも、それだけでは足りません。数秘術という道具を使って「どのような使命を果たしていくのか」、そこが大事になります。

受講生は使命を探求し、数秘術家として一歩を踏み出しました。

次はあなたの番です！

唯一無二の自分の価値を知り、喜びの中で生きられますように。そのために、少しでも本書がお役に立てますように。

一足早く、使命を生きる道を選んだ者として、心からエールを送ります！

悠城レニ

〈付記〉

本書の企画、出版にサポートをいただいた（株）Jディスカヴァー代表取締役城村典子さん、みらいパブリッシング副社長田中英子さん、担当編集とうのあつこさん、心より感謝申し上げます。

また、本書に登場していただいた、きゃらきゃらさん、ユリさん、エピソードを書かせてくれた滝野さん、中山さん、湯浅さん、ありがとうございます。

そして、私の執筆を気にかけ、協力をしてくれた夫と息子へ、愛しています。

本書に関わってくれたすべての方々に、この場を借りて、お礼申し上げます。

悠城レニ（Yuuki Leni）

「個人の再生」と「家族の再生」をテーマに活動する数秘術家。


20代は海外展開するNGOの専属スタッフとして農業、植林、環境教育、日本語教育に従事。海外研修生研修指導員として7か国4つの宗教の研修生と寝食をともにして多様な価値観に触れながら、「私は何をするために生まれたのか」を考え続ける。

30代はインドネシアに暮らす。日本語教師をしたり、日系企業のフランチャイズ店で働いたり、多様な生き方に触れながら「使命の仕事やそれを叶えるライフスタイル」について考え続ける。

40代は専業主婦になったことをきっかけに、それまで考えてきたことを行動に移し、数秘術家として独立。セッションや講座、本の執筆をはじめて今に至る。

著書に『あなたの転機は今かもしれない』（クリエイターズ・パブリッシング）、『宇宙はおしゃべり』（徳間書店）などがある。

◆【HP】本と数秘のある暮らし
https://yukileni22.amebaownd.com/

◆【Blog】
https://ameblo.jp/yukileni22

◆【Instagram】
@yuukileni

〈参考図書〉

一校舎比較文化研究会編『自分の心をみつける　ゲーテの言葉』(永岡書店)
いもとようこ絵『マザー・テレサ 愛のことば』(女子パウロ会)
池田理代子『あきらめない人生』(海竜社)
池田理代子『第一歌集　寂しき骨』(集英社)
『池田理代子『ベルばら』とともに　オフィシャルブック』
河尻亨一『TIMELESS　石岡瑛子とその時代』(朝日新聞出版)
キャロル・アドリエンヌ／住友進訳『人生の意味』(主婦の友社)
子安美知子『モモを読む』(学陽書房)
子安美知子『エンデと語る』(朝日新聞社)
ジョーゼフ・キャンベル、ビル・モイヤーズ／飛田茂雄訳『神話の力』(早川書房)
星野道夫『花の宇宙』(PHP 研究所)
ミヒャエル・エンデ『モモ』(岩波書店)
ミヒャエル・エンデ／田村都志夫訳『ものがたりの余白』(岩波書店)
村上春樹『職業としての小説家』(スイッチ・パブリッシング)

〈インタビュー〉

「日曜美術館」(NHK) 2021 年 4 月 25 日放映「コシノヒロコ展」
「Today's Catch!・新年スペシャル企画」コシノヒロコ　インタビュー
日本経済新聞 2021 年 4 月 30 日 コシノヒロコ　インタビュー
「仕事とは？」『就職ジャーナル』 東山彰良 (小説家) インタビュー

〈ご登場いただいた方のウェブサイト・敬称略〉

◆アーティスト　きゃらきゃら (小林睦美)「かわいい食卓〜ヒロインレシピ」
【Blog】https://ameblo.jp/birthdaybirthday-kira/
【Instagram】@kobayashi.mutsumi

◆数秘術家・セラピスト　ユリ「人生の主役を取り戻そう」
【Blog】https://ameblo.jp/yuritsuji0601/
【Instagram】@yuritsuji0601

数秘術家《すうひじゅつか》・悠城《ゆうき》レニが教《おし》える
あなたにしかできない仕事《しごと》

2021年10月18日　初版第1刷

著　者　悠城《ゆうき》レニ
発行人　松崎義行
発　行　みらいパブリッシング
〒166-0003 東京都杉並区高円寺南4-26-12 福丸ビル6階
TEL 03-5913-8611　FAX 03-5913-8011
https://miraipub.jp　MAIL info@miraipub.jp
企画協力　Jディスカヴァー
編　集　とうのあつこ
ブックデザイン　洪十六
発　売　星雲社（共同出版社・流通責任出版社）
〒112-0005 東京都文京区水道1-3-30
TEL 03-3868-3275　FAX 03-3868-6588
印刷・製本　株式会社上野印刷所

ISBN978-4-434-29562-1 C0095